家藏文库

东坡志林

〔宋〕苏轼 著　　叶平 注评

中州古籍出版社
·郑州·

图书在版编目（CIP）数据

东坡志林 /（宋）苏轼著；叶平注评. —郑州：中州古籍出版社，2018.9（2021.11重印）
（家藏文库）
ISBN 978-7-5348-7874-9

Ⅰ.①东… Ⅱ.①苏…②叶… Ⅲ.①笔记－中国－宋代－选集②中国历史－史料－北宋 Ⅳ.① K244.066

中国版本图书馆 CIP 数据核字（2018）第 120571 号

DONGPO ZHILIN
东坡志林

选题策划	卢欣欣　赵发杰
约稿统筹	卢欣欣
责任编辑	石　丹
责任校对	顾　群
封面设计	王　歌
版式设计	曾晶晶

出 版 社	中州古籍出版社（地址：郑州市郑东新区祥盛街27号6层 邮编：450016　电话：0371-65723280）
发行单位	河南省新华书店发行集团有限公司
承印单位	河南新华印刷集团有限公司
开　　本	640 mm×960 mm　1/16
印　　张	18
字　　数	236 千字
版　　次	2018 年 9 月第 1 版
印　　次	2021 年 11 月第 3 次印刷
定　　价	36.00 元

本书如有印装质量问题，请与出版社调换。

前　言

《东坡志林》，又名《志林》，是苏轼所作的一部笔记体杂著。宋代出现了许多以杂记、随笔、漫录为名的笔记体著作，后世统称为笔记，这是一种非正式的、私人闲谈性质的新的文学体裁，内容包括轶事、琐言、风俗人情、游记、文论、书信、经史考证、典故、杂感等等。"志林"体最早为晋代虞喜所创，《晋书·虞喜传》说虞喜"为《志林》三十篇"，内容多为杂论、故事。苏轼作《东坡志林》后，使得"志林"体在宋代流行一时，并对明代的小品文产生了深刻的影响。

《东坡志林》的写作年代集中在北宋元祐（1086~1094）、绍圣（1094~1098）年间。书中内容十分博杂，涉及北宋社会生活的各个方面，全书共二百零二则，分为两大部分：第一部分（前四卷）为杂记，分为记游、怀古、修养、疾病、梦寐、学问、命分、送别、祭祀、兵略、时事、官职、致仕、隐逸、佛教、道释、异事、技术、四民、女妾、贼盗、夷狄、古迹、玉石、井河、卜居、亭堂、人物二十八类；第二部分（卷五）为论古，共收入十三篇史论文章。

苏轼是眉州眉山人，生于宋仁宗景祐三年十二月十九日（1037年1月8日），其父苏洵，母程氏。苏轼与其父苏洵、弟苏辙皆擅长文学，被后人并称为"三苏"，苏轼更是被说成是"雄视百代，自作一家"的文学大家（宋孝宗《御制文忠苏轼文集赞并序》）。但纵观苏轼的一生，可谓命运多舛。嘉祐元年（1056），苏轼二十一岁，与父亲苏洵、弟弟苏辙一同离开蜀地，前往京师。第二年，苏轼参加科举考试，作《刑赏忠厚论》，得到主考官欧阳修的赏识，欧阳修本欲擢为第一，但因怀疑是自己的学生曾巩所作，为避嫌疑，将苏轼置为第二名。此时其母程氏突然病故，苏轼兄弟遂与父亲一道返回蜀地，为母守丧。嘉祐六年（1061），苏轼复中制科三等，这是有宋以来的第二人（第一人为吴育），引起京师轰动，人称"百年第一"。其后，苏轼先后任大理寺评事、凤翔府判官，入判登闻鼓院。治平三年（1066），苏洵去世，苏轼又回乡为父守丧三年。还朝时，正值王安石开始变法。熙宁四年（1071），王安石欲变革科举、兴学校、设三司、行青苗法，苏轼上书一一反对，引起与王安石的冲突，苏轼只好请求外放，于当年至元丰二年（1079），分别任杭州通判，密州、徐州、湖州知州。当时，朝臣分为支持王安石变法的新党与反对变法的旧党两派（后者在元祐年之后又被称为元祐党），两派围绕变法斗争得非常激烈，苏轼由于其反对变法的政治观点，被归入旧党。元丰二年（1079）四月，苏轼向宋神宗上《湖州谢表》，因在表章中流露出失意情绪，被新党人抓住把柄，说他"衔怨怀怒"，"指斥乘舆"，又搜罗剔抉他的其他诗作，收集所谓证据，以此污蔑他对朝廷不忠。苏轼当年就被御史台逮捕下狱，后经多方营救，乃至王安石亲自出面为其求情，方免于一死，这就是著名的"乌台诗案"（乌台为御史台的别名）。出狱后，他被贬为黄州团练副使。

在黄州时，苏轼以纵情山水自适，并买城东坡地种田补贴家用，自号"东坡居士"。元丰八年（1085），宋神宗去世，哲宗即位，第二年改年号为元祐。因哲宗年幼，神宗之母太皇太后高氏垂帘听政。高氏对王安石变法一向持反对态度，她在听政后立即重新起用旧党，并将此前王安石变法的措施全部推翻，这一时期史称"元祐更化"。苏轼也在此时被召回京，任礼部郎中，他在短短几个月内接连升迁为起居舍人、中书舍人、翰林学士知制诰、知礼部贡举，这是苏轼仕途中最为一帆风顺、春风得意的时期。但旧党得势后，不但废止一切新法，而且尽逐新党人物，平日热衷于排斥异己、结党营私，苏轼对此颇有微词，于是又不能见容于旧党，元祐四年（1089），不得不以龙图阁大学士的身份外调知杭州。苏轼治理杭州六年，深得民众爱戴。当地大旱，饥疫并作，苏轼请求朝廷免除供米三分之一，又以赐度僧牒换米赈灾。第二年春，苏轼再次减价粜常平米，遣人分发粥饭、医药，救活灾民甚众。他在杭州期间，还整治西湖，疏浚湖底，筑堤坝防洪，杭州人民将西湖长堤名为"苏堤"，以纪念苏轼治理杭州造福于民的功绩。元祐六年（1091）三月，苏轼离开杭州短暂回朝，八月，又赴颍州任知州。这一年冬天，颍州雪灾，冻死者众多，苏轼对小民之艰辛有了更加深刻的体会。他竭尽全力纾解民困，日有所思，夜有所梦，于梦中论《左传》，获得"以民力从王事，当如饮酒，适于饥饱之度而已。若过于醉饱，则民不堪命，王不获没矣"的感悟。其后，他又在扬州、定州等地出任知州。

元祐八年（1093），高太后去世，哲宗亲政，新党重新执政，开始对旧党人物打击报复，苏轼又被新党目为旧党而遭到贬斥。绍圣元年（1094），苏轼被贬往广东惠州；绍圣四年（1097），苏轼已六十二岁，又被贬至海南儋州安置。直到徽宗即位后，苏轼才被调往廉州，任舒州团练副使，永州安置。元符三年（1100），徽宗大赦天下，苏轼复任朝奉郎，得以北归京都，不幸的是在途中染病，于建中靖国元年（1101）七月卒于常州。

《东坡志林》全书写于苏轼颠沛流离的贬谪岁月里，但"志林"之名，最初仅指卷五"论古"，并不包含其他随手记下的杂感文章。元符三年（1100）苏轼《与郑靖老书》中说："《志林》竟未成，但草得《书传》十三卷，甚赖公两借书籍检阅也。"而其子苏过也说："东坡先生初欲作《志林》百篇，才就十三篇。"可见《志林》即今卷五"论古"，是苏轼正式的创作，他本人对此也较为重视，将《志林》与自己的另一部经学著作《东坡书传》相提并论。现存五卷本《东坡志林》中的前四卷并不是苏轼的正式著作，而是在苏轼去世后，由后人将苏轼生前所写的一些杂记、题跋之类搜集、整理而成。

南宋时期，就有多种《志林》版本流行，到了明代，十三篇的《志林》与杂感、笔记等被人合编为一书，书名仍为《东坡志林》。虽然《志林》的大部分内容只是些随意记之的杂感文字，并无精心经营布局的结构章法，也没有固定的体例，但仍有其独特的价值。明代陈继儒评论《志林》说："此是活东坡也。"明人赵用贤《刻东坡先生志林小序》评价此书说："皆纪元祐、绍圣二十年中所身历事，其间或名臣勋业，或治朝政教，或地理方域，或梦幻幽怪，或神仙伎术，片语单词，谐谑纵浪，无不毕具。而其生平迁谪流离之苦，颠危困厄之状，亦既略备。然而襟期寥廓，风流辉映，虽当群口见嫉，投荒濒死之日，而洒然有以自适其适，固有不为形骸彼我，宛宛然就拘束者矣。"而明代性灵文学代表，"公安三袁"的袁中道《答蔡观察元履》则说："坡公之可爱者，多其小文小说，使尽去之，而独存其高文大册，岂复有坡公哉！"（《珂雪斋集》卷二十四）

苏轼的笔记、杂感小文与其长篇大论的"高文大册"各有千秋，相得益彰。其一，这些文字本身即具有很高的艺术性和思想性。如《记承天夜游》："元丰六年十月十二日夜，解衣欲睡，月色入户，欣然起行。念无与乐者，遂至承天寺寻张怀民。怀民亦未寝，相与步于中庭。庭下如积水空明，水中藻荇交横，盖竹柏影也。何夜无月，何处无竹柏，但少闲人如吾两人耳。"此段文字极其纯净，洗尽铅华。《世说新语》记载王子猷乘兴雪夜访戴逵，兴至而归，苏轼之月夜访张怀民，论风雅趣味，与此相类。但《记承天夜游》是在苏轼被贬黄州期间所作的，在人生遭遇重大挫折的背景下，还能有如许淡泊情怀作此文字，与前者相比，更为不易。苏轼虽然屡遭贬谪，艰辛备尝，但却不失对人生的乐观豁达。绍圣元年（1094），他被贬到惠州，居无定所，暂寄于松风亭中，可谓穷困潦倒至极了，但他却在文中说自己因为时常外出游玩，不意而得"杖履所及，鸡犬相识"之趣。而第二年搬到行馆居住，处境稍有改善，他又感叹自此"得江楼豁彻之观，忘幽谷窈窕之趣，未见其所休戚，峤南、江北何以异也！"（见《别王子直》条）无论身在岭南江北，境遇失意得意，天地之间处处皆有江楼之豁彻、幽谷之窈窕，何处春江无月明？文中表达了随遇而安、无处不可得安宁的淡然之情。面对人生的种种不幸、无奈，他常常以诙谐、打趣的方式应对。在湖州时，苏轼因乌台诗案被逮捕下狱，命悬一线，生死未卜，而当他出门告别之际，家人正悲痛欲绝，他却出人意料地甩出一个笑话，引得妻子不由失笑，而他则趁机出门，从而化解了一幕他不愿意见到的生离死别场景。（见《书杨朴事》条）这一类文字，其实是《东坡志林》价值最高的部分，正如赵开美评价的那样："片纸只字，无非断圭折璧。"（《仇池笔记》序）苏轼性情的真挚可爱于此跃然纸上，其中表现出来的高尚人生境界，足以令人景行行止。

其二，《东坡志林》记载了宋代社会生活的方方面面，广泛涉及北宋时期的政治、风俗、宗教信仰乃至医学、科技，可谓无所不包。这些记录展示了宋代社会丰富多彩的画卷，对于我们全面了解宋代社会史、思想史极具参考价值。明代王圣俞在《苏长公小品》中说："文至东坡真是不须作文，只随笔作记便是文。"唯因随笔作记，故能广泛撷取他个人以及周围人生活中的琐事，不刻意为之，更显其自然真实，而尤足可贵。书中记载的一些朝野轶事，虽是闲谈，但完全可作为对正史的补益，如《曹玮语王鬷元昊为中国患》记载曹玮劝王鬷提防西夏元昊的言论，为苏轼亲从其弟苏辙处听来，王鬷之孙为苏辙的女婿，故此文内容可信度很高。《宋史·王鬷传》也收入此事，大概即从《东坡志林》撷取而来。

在苏轼之前，笔记一类文体，大多只为士林、官宦立传，如《世说新语》、《唐语林》等，很少注意平民百姓的言行，《东坡志林》则记载了大量民间的异闻轶事，且专立"四民"的条目，这迥异乎传统题材。《东坡志林》收录东坡平生所见的逸闻、琐言，无论达官贵人还是贩夫走卒，有片言可取者都采录之，这是《东坡志林》一书的最大特色。如《记张憨子》记载了黄州一位奇人张憨子的故事："黄州故县张憨子，行止如狂人，见人辄骂云：'放火贼！'稍知书，见纸辄书郑谷雪诗。人使力作，终日不辞。时从人乞，予之钱，不受。冬夏一布褐，三十年不易，然近之不觉有垢秽气。其实如此，至于土人所言，则有甚异者，盖不可知也。"《录赵贫子语》写苏轼结识的一位民间修道者赵贫子，史传未载此人，苏轼不但记录了他的言论，而且承认自己与其有过交往。书中诸如此类的文字，显示出苏轼对寻常百姓生活的关注以及亲近民间的姿态。

《东坡志林》对北宋时期的科技、医学发展也有所留意，书中专设"井河"类、"异事"类与"技术"类。"井河"类的《筒井、用水鞴法》详细记载了宋时四川盐工用筒井取井盐之法；《汴河斗门》考证了唐、宋两代开封城外汴河两岸兴修水利工程、灌溉田地的情况。"异事"与"技术"类则记载了北宋时期的医学发展，如《记道人问真》介绍了针灸中新兴的"指针法"，《单骧、孙兆》收入了一桩医官入宫为宋仁宗诊病的医案。此外，在"修养"类里还有一些气功导引养生的内容。今天看来，这些都是宝贵的古代科技史、古代医学史的历史资料。

苏轼一贯主张"诗须要有为而作"（《题柳子厚诗》），苏辙在《亡兄子瞻端明墓志铭》中也说苏轼在外放杭州、湖州时"见事有不便于民者，不敢言，亦不敢默视也，缘诗人之义，托事以讽，庶几有补于国"。《东坡志林》中除了一些个人杂感、记异以及考证名物的内容以外，有不少篇章就属于"庶几有补于国"的有为之作，这主要集中于卷四中的"人物"类以及卷五"论古"十三篇。这些文章往往是针对朝政的借古喻今之作，如《司马迁二大罪》，虽然表面上批评的是战国时期的商鞅，汉代的桑弘羊、司马迁，但实际上是在抨击王安石变法。此外还有像《游士失职之祸》讨论朝廷用人政策的得失，《赵高、李斯》主张实施法律上的宽刑政策等。在《东坡志林》的杂感部分，也有一些"托事以讽"的小文。如《治眼齿》，借自己治眼病的机会，引用张耒的话说："治目当如治民，治齿当如治军。"军、民属性不同，治法也要分别对待。治民，当让民众休养生息，以无事为上，如治眼病；治军，当令军队多演练，多打仗，以军法约束，如同治齿病时要让齿多活动。这是从治病联想到治国的大道理了。

《东坡志林》也有一些纯粹的史论，这些史论文章受到了当时经学风气的影响。与固守章句家法的汉学不同，宋人治经好疑经传、疑古，往往不拘一格，以己意解经，这是宋学的一个重要特征。《东坡志林》中的一些经史考证文章，也有疑古、自出己意的特点，如《元帝诏与〈论语〉、〈孝经〉小异》，苏轼发现《汉书》中所引的《论语》、《孝经》与当时通行本有别，认为通行本有些词句可能是后儒擅改的。他考证说："皆与今《论语》、《孝经》小异……疑为俗儒所增也。"《东坡志林》中的史论许多都带有"翻案"的性质，如《赵尧设计代周昌》谈到汉初名臣周昌、赵尧，二人都是为历代史家所称许的贤臣，苏轼对二人的评论却反其道而行之，认为他们只是表面上忠于朝廷，实则"安能为高祖谋"，所为完全是出于私心。《颜蠋巧于安贫》说一向以安贫乐道闻名的颜蠋实际未曾闻道,而只是"巧于居贫",擅长在生活中自寻乐趣罢了。再如俗论以为,桓范、陈宫多智有才,可惜明珠暗投,由于错逢其主而遭不幸,苏轼《论桓范、陈宫》则说二人既不善察人,又不知避祸,不可谓有智之士。苏轼还评论"竹林七贤"之一的刘伶说:"刘伯伦常以锸自随,曰:'死即埋我。'苏子曰,伯伦非达者也,棺椁衣衾,不害为达。苟为不然,死则已矣,何必更埋!"苏轼说刘伶的旷达不够彻底,假如他真的旷达至此,那么死则死矣,连负锸自随以埋也没必要了。"死即埋我"这句话说明他对生死还是有所在意的,既然如此,又何必嫌棺椁衣衾为负累呢?诸如此类的史论,苏轼所发的见解都是颠覆性的,读来令人耳目一新,给人以不小的启发。

《东坡志林》还记录了当时各地的一些风俗,如《记女仙》讲述了广州一带崇拜紫姑神的信仰,《猪母佛》则描述了蜀地一带尊奉猪母佛的祭祀活动。有的篇章还记载了一些自然界的异象,如《池鱼踊起》就记录了发生在眉州的一次龙卷风。《东坡志林》有不少这样的记异条目,对于此类道听途说的异闻,苏轼同样认真地查阅经典,作出详细的考证,东坡学者之本色可见一斑。

《东坡志林》最早见于著录者,为一卷本与三卷本两种。一卷本为南宋左圭《百川学海》(咸淳本)丙集辑录的《东坡先生志林集》,但内容仅有十三篇史论文。三卷本《东坡志林》另有《东坡手泽》之名,宋人陈振孙《直斋书录解题》卷十一著录《东坡手泽》三卷,并注云:"今俗本《大全集》中所谓《志林》也。"《大全集》指的是福建麻沙书坊刻印的苏轼《大全集》,陈氏既谓《手泽》与《志林》为同一书,可见《大全集》合编本《志林》亦当为三卷,与《百川学海》一卷单行本不同。但麻沙本《大全集》、三卷本《手泽》已佚。今所见《东坡志林》除一卷本《志林》外,第二种为明万历二十三年(1595)赵开美(赵用贤之子)

刊刻的《东坡志林》五卷本，清张海鹏嘉庆九年（1804）重刻，次年复辑入《学津讨原》。第三种为明万历间商濬《稗海》收录的《东坡先生志林》十二卷，但内容并未收入《志林》的论古部分。该《志林》出现的年代晚于五卷本，内容与五卷本有不少出入，比后者多出近二百则，多出的部分是从他书中辑佚而来的。

五卷本《志林》并非宋代旧本，在明万历年以前未见记载，且其内容也有真伪杂糅的问题，有些篇目系从《东坡纪年录》、《类说》等书掺入，甚至个别文章有可能并非苏轼原作，如卷二《记刘梦得有诗记罗浮山》，文理不清，辞句鄙俗，不太像是苏轼的作品。不过相对而言，该书大部分篇目还是比较可靠的，故多为古今学者所取。本书所据《东坡志林》的版本为涵芬楼依《学津讨原》本排印的赵开美五卷本《志林》，并参考了1981年中华书局王松龄点校本以及2007年中华书局刘忠林评注本。本书在前人对《东坡志林》校注成果的基础上，结合《苏东坡全集》以及孔凡礼《苏轼文集》、《苏轼年谱》以及《宋史》，宋代各种笔记、史料文献，对五卷本《东坡志林》重新注释。在此过程中，纠正了此前校、注本的一些疏误之处，并对全书二百零二则内容作了点评。注评工作前后历一年而成，虽自感尽力，但疏误之处亦在所难免。今《东坡志林》注评业已完稿，但愿此书的出版能对苏轼的研究稍有裨益，也恳请学术界的各位同仁以及广大读者多加赐教，批评指正。

叶平

2016年10月于河南大学

目 录

卷一

记游

记过合浦 ………… 2
逸人游浙东 ………… 3
记承天夜游 ………… 4
游沙湖 ………… 5
记游松江 ………… 6
游白水书付过 ………… 7
记游庐山 ………… 8
记游松风亭 ………… 9
儋耳夜书 ………… 10
忆王子立 ………… 11
黎檬子 ………… 12
记刘原父语 ………… 13

怀古

广武叹 ………… 15

涂巷小儿听说三国语 ………… 16

修养

养生说 ………… 18
论雨井水 ………… 19
论修养帖寄子由 ………… 20
导引语 ………… 21
录赵贫子语 ………… 22
养生难在去欲 ………… 23
阳丹诀 ………… 24
阴丹诀 ………… 25
乐天烧丹 ………… 26
赠张鹗 ………… 26
记三养 ………… 27
谢鲁元翰寄暖肚饼 ………… 28
辟谷说 ………… 29
记服绢 ………… 30
记养黄中 ………… 30

疾病
子瞻患赤眼 …… 32
治眼齿 …… 33
庞安常耳聩 …… 34

梦寐
记梦参寥茶诗 …… 35
记梦赋诗 …… 35
记子由梦 …… 36
记子由梦塔 …… 37
梦中作《祭春牛文》 …… 38
梦中论《左传》 …… 39
梦中作靴铭 …… 40
记梦 …… 40
题李岩老 …… 43
梦南轩 …… 44
措大吃饭 …… 45

学问
记六一语 …… 46

命分
退之平生多得谤誉 …… 47
马梦得同岁 …… 47
人生有定分 …… 48

送别
别子开 …… 49

昙秀相别 …… 49
别王子直 …… 50
别石塔 …… 51
别姜君 …… 52
别文甫、子辩 …… 52

卷二

祭祀
八蜡,三代之戏礼 …… 55
记朝斗 …… 56

兵略
匈奴全兵 …… 57
八阵图 …… 58

时事
唐村老人言 …… 59
记告讦事 …… 60

官职
记讲筵 …… 62
禁同省往来 …… 64
记盛度诰词 …… 65
张平叔制词 …… 66

致仕
请广陵 …… 68

买田求归 …………………… 68
贺下不贺上 ………………… 69

隐逸

书杨朴事 …………………… 71
白云居士 …………………… 72

佛教

读《坛经》 ………………… 73
改《观音》咒 ……………… 74
诵经帖 ……………………… 75
诵《金刚经》帖 …………… 75
僧伽何国人 ………………… 76
袁宏论佛说 ………………… 78

道释

赠邵道士 …………………… 80
书李若之事 ………………… 81
记苏佛儿语 ………………… 82
记道人戏语 ………………… 82
陆道士能诗 ………………… 83
朱氏子出家 ………………… 84
寿禅师放生 ………………… 85
僧正兼州博士 ……………… 86
卓契顺禅话 ………………… 87
僧文荤食名 ………………… 88
本、秀非浮图之福 ………… 89

付僧惠诚游吴中代书十二 … 90

异事

王烈石髓 …………………… 95
记道人问真 ………………… 96
记刘梦得有诗记罗浮山 …… 97
记罗浮异境 ………………… 98
东坡升仙 …………………… 99
黄仆射 ……………………… 100
冲退处士 …………………… 101
朧仙帖 ……………………… 102
记鬼 ………………………… 103
李氏子再生说冥间事 ……… 104
道士张易简 ………………… 105
辨附语 ……………………… 106
三老语 ……………………… 107
桃花悟道 …………………… 108
尔朱道士炼朱砂丹 ………… 108

卷三

异事下

朱炎学禅 …………………… 111
故南华长老重辨师逸事 …… 112
冢中弃儿吸蟾气 …………… 113
石普见奴为祟 ……………… 114

陈昱被冥吏误追 …… 115
记异 …… 116
猪母佛 …… 117
王翊梦鹿剖桃核而得雄黄 … 118
徐则不传晋王广道 …… 119
先夫人不许发藏 …… 120
太白山旧封公爵 …… 121
记范蜀公遗事 …… 122
记张憨子 …… 122
记女仙 …… 123
池鱼踊起 …… 124
孙抃见异人 …… 125
修身历 …… 126

技术

医生 …… 128
论医和语 …… 128
记与欧公语 …… 129
参寥求医 …… 131
王元龙治大风方 …… 132
延年术 …… 133
单骧、孙兆 …… 134
僧相欧阳公 …… 135
记真君签 …… 135
信道智法说 …… 137

记筮卦 …… 138
费孝先卦影 …… 139
记天心正法咒 …… 140
辨五星聚东井 …… 140

四民

论贫士 …… 143
梁贾说 …… 144
梁工说 …… 145

女妾

贾氏五不可 …… 148
贾婆婆荐昌朝 …… 149
石崇家婢 …… 150

贼盗

盗不劫幸秀才酒 …… 151
梁上君子 …… 151

夷狄

曹玮语王鬷元昊为中国患 … 153
高丽 …… 154
高丽公案 …… 156

卷四

古迹

铁墓、厄台 …… 159

黄州隋永安郡 ………… 160
汉讲堂 ………… 161
记樊山 ………… 161
赤壁洞穴 ………… 163

玉石
辨真玉 ………… 164
红丝石 ………… 165

井河
筒井、用水鞴法 ………… 166
汴河斗门 ………… 167

卜居
太行卜居 ………… 169
范蜀公呼我卜邻 ………… 170
合江楼下戏 ………… 171
名西阁 ………… 171

亭堂
临皋闲题 ………… 173
名容安亭 ………… 174
陈氏草堂 ………… 174
雪堂问潘邠老 ………… 175

人物
尧舜之事 ………… 183
论汉高祖羹颉侯事 ………… 184
武帝踞厕见卫青 ………… 185

元帝诏与《论语》、《孝经》小异
………… 186
跋李主词 ………… 187
真宗、仁宗之信任 ………… 188
孔子诛少正卯 ………… 190
戏书颜回事 ………… 191
辨荀卿言青出于蓝 ………… 192
颜蠋巧于安贫 ………… 193
张仪欺楚商於地 ………… 194
赵尧设计代周昌 ………… 195
黄霸以鹖为神爵 ………… 196
王嘉轻减法律事见《梁统传》…
………… 197
李邦直言周瑜 ………… 199
（朱）勃逊之 ………… 200
刘聪、吴中高士二事 ………… 201
郄超出与桓温密谋书以解父
………… 202
论桓范、陈宫 ………… 203
录温峤问郭文语 ………… 204
刘伯伦 ………… 205
房琯陈涛斜事 ………… 206
张华《鹪鹩赋》 ………… 207
王济、王恺 ………… 208

王夷甫 ……………………… 209
卫瓘欲废晋惠帝 ………… 210
裴𬱟对武帝 ……………… 211
刘凝之、沈麟士 ………… 212
柳宗元敢为诞妄 ………… 212

卷五
论古
武王非圣人 ……………… 216
周东迁失计 ……………… 220
秦拙取楚 ………………… 224
秦废封建 ………………… 228

论子胥、种、蠡 ………… 232
论鲁三桓 ………………… 235
司马迁二大罪 …………… 238
论范增 …………………… 242
游士失职之祸 …………… 244
赵高、李斯 ……………… 248
摄主 ……………………… 252
隐公不幸 ………………… 256
七德八戒 ………………… 258

参考引用文献举要 …… 263

卷一

记游

记过合浦①

余自海康适合浦②,连日大雨,桥梁大坏,水无津涯③。自兴廉村净行院下乘小舟至官寨,闻自此西皆涨水,无复桥船,或劝乘蜑并海即白石④。是日六月晦⑤,无月,碇宿大海中⑥。天水相接,星河满天,起坐四顾太息:"吾何数乘此险也!已济徐闻⑦,复厄于此乎?"稚子过在旁鼾睡,呼不应。所撰《书》、《易》、《论语》皆以自随,而世未有别本。⑧抚之而叹曰:"天未欲使从是也,吾辈必济。"已而果然。七月四日合浦记,时元符三年也⑨。

【注释】

①合浦:北宋咸平元年(998),设廉州合浦郡,复设合浦县,今属广西。 ②海康:隋代设县,今广东雷州。适:往。 ③水无津涯:指水大浩荡无边。津涯,岸,水边。 ④蜑(dàn):古代南方的一种居住于船上的船民,也指蜑人所乘的小舟。即:向,往。白石:今广西桂平白石山。 ⑤晦:农历每月的最后一天。 ⑥碇(dìng):指船下碇锚,停泊于海中。 ⑦济:渡过。徐闻:在今广东徐闻西南。 ⑧指苏轼渡海时随身携带的《东坡书传》、《东坡易传》、《论语说》等几本著作,当时尚未刻印或别本传抄,只有原稿孤本。 ⑨元符三年:1100年。

【点评】

绍圣四年(1097),苏轼被贬谪于海南儋州。元符三年(1100),遇赦北归，经广东海康前往合浦，路遇洪水，冒险坐疍人小舟渡海，夜中无月，只得停船于海中。此行险象环生，苏轼随身携带着自己苦心孤诣的著作，以孔子陈蔡绝粮之厄自励：假若渡海不成，人、舟俱丧，这些书也必然失传于世；而天意若不亡这些书，则一定能够逢凶化吉，平安到达。苏轼的感叹，颇有孔子"天之未丧斯文"之意。

逸人游浙东①

到杭州一游龙井，谒辨才遗像②，仍持密云团为献龙井③。孤山下有石室④，室前有六一泉⑤，白而甘，当往一酌。湖上寿星院竹极伟，其旁智果院有参寥泉及新泉，皆甘冷异常，当时往一酌，仍寻参寥子、妙总师之遗迹⑥，见颖沙弥亦当致意⑦。灵隐寺后高峰塔一上五里，上有僧不下三十余年矣⑧，不知今在否？亦可一往。

【注释】

①逸人：闲逸之人，此为苏轼自指。 ②谒（yè）：拜谒。辨才：天竺僧人，于元丰年间来到中国，居于杭州龙井寿圣院。后圆寂于此。 ③密云团：当时福建所产团茶。 ④孤山：在西湖中。 ⑤六一泉：在孤山下，是苏轼为纪念其师欧阳修给泉水起的名字，欧阳修自号六一居士。 ⑥参寥子：诗僧道潜，苏轼之友，著有《参寥子诗集》。 ⑦沙弥：佛教中对七岁以上、二十岁以下，已受十戒的僧人的称呼。颖沙弥是参寥子的弟子。 ⑧僧人在山中修行，三十余年不下山。

【点评】

元祐四年（1089），苏轼被贬谪，出知杭州。苏轼以前曾在杭州做过地方官，这次是故地重游了。从文意看，此文作于赴任之前，是一篇旅行计划，其中"当往"、"亦可"云云，透出苏轼的急不可待之情。可见政治上的屡遭挫折，使得苏轼心灰意冷，萌生了归隐之心。而以"逸人"自称，正与此篇主旨相合。

记承天夜游①

元丰六年十月十二日夜，解衣欲睡，月色入户，欣然起行。念无与乐者，遂至承天寺寻张怀民②。怀民亦未寝，相与步于中庭。庭下如积水空明，水中藻荇交横③，盖竹柏影也。何夜无月，何处无竹柏，但少闲人如吾两人耳。

【注释】

①承天：承天寺，在今湖北黄冈。元丰三年（1080），苏轼因"乌台诗案"被贬黄州，任黄州团练副使。此文写于苏轼在黄州的第三年。②张怀民：为苏轼居黄州时期的友人，苏轼曾为其赋《南歌子》一阕，谓怀民"故人憔悴"，可能也是一位被贬谪于黄州的官员。苏轼文集中有《书怀民所遗墨》与《赌书字》等文，都提到与怀民交游之事。③藻荇（xìng）：水生草本植物。此处是形容竹柏的影子在月光下似藻荇交横。

【点评】

《世说新语》记载王子猷乘兴雪夜访戴逵，苏轼月夜访张怀民，与此相类。张怀民，不知何许人，事迹不见于史籍。如此月夜，能得苏轼之眷顾，引为知己而同游古寺，是极为有幸的事了。若无苏轼这篇游记，其人也将永不为世人所知。

游沙湖

黄州东南三十里为沙湖，亦曰螺师店，予买田其间。因往相田得疾，闻麻桥人庞安常善医而聋，遂往求疗。安常虽聋，而颖悟绝人，以纸画字，书不数字，辄深了人意①。余戏之曰："余以手为口，君以眼为耳，皆一时异人也。"疾愈，与之同游清泉寺。寺在蕲水郭门外二里许②，有王逸少洗笔泉③，水极甘，下临兰溪，溪水西流。余作歌云："山下兰芽短浸溪，松间沙路净无泥，萧萧暮雨子规啼④。 谁道人生无再少？君看流水尚能西，休将白发唱黄鸡⑤。"是日剧饮而归⑥。

【注释】

①辄：就。 ②蕲（qí）水：又名蕲河，为黄州境内五水之一。 ③王逸少：即王羲之，字逸少。 ④子规：杜鹃。 ⑤黄鸡：来自白居易《醉歌示妓人商玲珑》一诗："黄鸡催晓丑时鸣，白日催年酉前没。"白诗感叹年华易逝，苏轼则反其意而用之，谓无须如此。 ⑥剧饮：痛饮。

【点评】

中国地势西高东低，河流多发于西而流向东方，溪水西流，是偶见之事，苏轼虽在贬谪之中，但却能从兰溪水西流悟出"谁道人生无再少？君看流水尚能西"的道理，可见其乐观豁达的人生态度。

记游松江①

吾昔自杭移高密②,与杨元素同舟③,而陈令举、张子野皆从余过李公择于湖④,遂与刘孝叔俱至松江⑤。夜半月出,置酒垂虹亭上。子野年八十五,以歌词闻于天下,作《定风波令》,其略云:"见说贤人聚吴分⑥,试问,也应傍有老人星⑦。"坐客欢甚,有醉倒者,此乐未尝忘也。今七年耳,子野、孝叔、令举皆为异物⑧,而松江桥亭,今岁七月九日海风架潮,平地丈余,荡尽无复孑遗矣。追思曩时⑨,真一梦耳。元丰四年十二月十二日,黄州临皋亭夜坐书。

【注释】

①松江:今上海市松江区。苏轼游松江这一年为熙宁七年(1074),此文为元丰四年(1081)追记。 ②高密:今属山东。熙宁七年九月,苏轼赴密州任太守,上任前与友人同游松江。 ③杨元素:杨绘,绵竹人。 ④陈令举:即陈舜俞,湖州乌程人。张子野:即张先,湖州人,北宋著名词人。李公择:即李常,南康建昌人。 ⑤刘孝叔:即刘述,湖州人。以上几人除了张先外,都因反对王安石变法而先后被贬。松江之游,参与者除六人外,还有乐人沈仲宅与周、邵二妓。 ⑥吴分:指松江。松江在星象中为吴地分野,故称吴分。 ⑦老人星:即南极老人星,也称寿星。张先时已八十五岁,故以老人星自称。 ⑧为异物:死去。 ⑨曩(nǎng)时:即昔时之意。

【点评】

　　元丰四年七月，松江垂虹亭毁于海潮。苏轼在黄州听说此事，不禁回忆起七年前自己曾与杨元素等友人在垂虹亭饮酒唱和，当时在场者如今半数都已故去，可谓人、亭皆逝，令人顿生世事无常的幻灭之念，遂于夜中写下此文。

游白水书付过①

　　绍圣元年十月十二日②，与幼子过游白水佛迹院③，浴于汤池④，热甚，其源殆可熟物。循山而东，少北，有悬水百仞⑤，山八九折，折处辄为潭，深者磓石五丈⑥，不得其所止。雪溅雷怒，可喜可畏。水崖有巨人迹数十，所谓佛迹也。暮归倒行，观山烧火⑦，甚俯仰，度数谷。至江，山月出，击汰中流，掬弄珠璧⑧。到家二鼓⑨，复与过饮酒，食余甘，煮菜，顾影颓然⑩，不复甚寐，书以付过。东坡翁。

【注释】

　　①白水：白水山，在今广东博罗东北。过：指苏轼第三子苏过。②绍圣元年：1094年，此年哲宗亲政，改元绍圣。　③佛迹院：白水山上的寺庙。　④汤池：古人对温泉的称呼。　⑤仞（rèn）：古代计量单位，一仞为周尺七尺或八尺。　⑥磓（duī）石：用绳子拴住石头放入水内，以探测水深。　⑦山烧：指落日余晖在山间如火烧之状。　⑧掬弄：用手捧玩。珠璧：月光如宝珠玉璧。　⑨二鼓：二更天。　⑩颓然：颓放之貌。

【点评】

哲宗亲政后,新党得势,开始打击、排挤元祐旧党。绍圣元年四月,新党吕惠卿等指陈苏轼往年所制诰词讥刺先朝,哲宗下旨免去苏轼端明殿学士等职,贬谪英州(治今广东英德),再贬为宁远军节度副使,惠州安置,最后又贬至儋州。苏轼此文就写作于贬居惠州之时。

记游庐山①

仆初入庐山,山谷奇秀,平生所未见,殆应接不暇,遂发意不欲作诗②。已而见山中僧俗,皆云:"苏子瞻来矣!"不觉作一绝云:"芒鞋青竹杖③,自挂百钱游。可怪深山里,人人识故侯。"既自哂前言之谬④,又复作两绝云:"青山若无素,偃蹇不相亲。⑤要识庐山面,他年是故人。"又云:"自昔忆清赏,初游杳霭间。如今不是梦,真个是庐山。"是日有以陈令举《庐山记》见寄者⑥,且行且读,见其中云徐凝、李白之诗⑦,不觉失笑。旋入开先寺,主僧求诗,因作一绝云:"帝遣银河一派垂,古来惟有谪仙辞⑧。飞流溅沫知多少,不与徐凝洗恶诗。"往来山南地十余日,以为胜绝不可胜谈,择其尤者,莫如漱玉亭、三峡桥,故作此二诗。最后与总老同游西林⑨,又作一绝云:"横看成岭侧成峰,到处看山了不同。不识庐山真面目,只缘身在此山中。"⑩仆庐山诗尽于此矣。

【注释】

①苏轼初游庐山,在元丰七年(1084)四月。 ②发意:决定,立

誓。　③芒鞋：草鞋。　④哂（shěn）：微笑。谬：荒谬，指之前不作诗的决定。　⑤青山若非素装，我亦高傲，不与之相亲。偃蹇（yǎn jiǎn）：傲慢。　⑥陈令举：见上文《记游松江》注。　⑦徐凝：中唐诗人，曾作《庐山瀑布》诗："虚空落泉千仞直，雷奔入江不暂息。今古长如白练飞，一条界破青山色。"徐凝的诗风格比较粗率，格调不高。苏轼失笑是因为该文把徐凝庐山诗与李白庐山诗并举。　⑧自古以来的庐山诗里唯有李白所作为最好。谪仙：被贬谪居于人间的仙人，指极富才华的脱俗之人，唐代诗人李白就被称为谪仙。　⑨总老：指当时西林寺总长老常总。　⑩此诗题为《题西林壁》，今流传版本中第二句为"远近高低各不同"，与此文所记有异。

【点评】

　　苏轼之所以失笑，是因为徐凝在李白作《望庐山瀑布》诗后仍然敢于写这个题材，且其诗境界与李白诗相差甚远，这就显得不自量力了。后文讥徐凝作"恶诗"也缘于此。

记游松风亭

　　余尝寓居惠州嘉祐寺①，纵步松风亭下，足力疲乏，思欲就林止息。望亭宇尚在木末②，意谓是如何得到？良久忽曰："此间有甚么歇不得处！"由是如挂钩之鱼，忽得解脱。若人悟此，虽兵阵相接③，鼓声如雷霆，进则死敌，退则死法④，当甚么时也不妨熟歇⑤。

【注释】

①绍圣初,苏轼被贬为建昌军惠州安置,其间曾在惠州嘉祐寺居住。 ②亭宇尚在木末:指松风亭还在远处。木末,木梢。 ③虽:即使。 ④死法:死于军法处置。 ⑤当甚么时:当此刻。熟歇:好好休息。

【点评】

人生何处不可修行?放下执念,即得解脱。松风亭之悟与王维诗"行到水穷处,坐看云起时"相似。

儋耳夜书①

己卯上元②,余在儋耳,有老书生数人来过,曰:"良月佳夜,先生能一出乎?"予欣然从之。步城西,入僧舍,历小巷,民夷杂揉③,屠酤纷然④,归舍已三鼓矣。舍中掩关熟寝⑤,已再鼾矣。放杖而笑,孰为得失?问先生何笑;盖自笑也,然亦笑韩退之钓鱼无得⑥,更欲远去。不知钓者。未必得大鱼也。

【注释】

①儋(dān)耳:儋州。汉置儋耳郡,唐改为儋州。按:儋耳本为我国古代西南方少数民族的一种风俗,即雕镂其颊,皮连耳廓,分为数支,下垂至肩。地名的"儋耳"应该与此风俗有关。 ②己卯:指元符二年(1099)。上元:即元宵节。 ③民夷:汉人百姓与当地少数民族。 ④屠:宰牲者。酤(gū):卖酒者。纷然:多而杂乱的样子。 ⑤舍中之人已关门

熟睡。　⑥韩退之：韩愈，字退之。韩愈曾作诗《赠侯喜》，句中有"君欲钓鱼须远去，大鱼岂肯居沮洳"句。

【点评】

韩愈以大鱼之喻勉励朋友在失意之时当另寻高就。苏轼嘲笑韩愈，说韩愈必欲得大鱼方休，不够洒脱，倒不如因陋就简，随遇而安。

忆王子立

仆在徐州①，王子立、子敏皆馆于官舍，而蜀人张师厚来过②，二王方年少，吹洞箫饮酒杏花下。明年，余谪黄州，对月独饮，尝有诗云："去年花落在徐州，对月酾歌美清夜。今日黄州见花发，小院闭门风露下。"③盖忆与二王饮时也。张师厚久已死，今年子立复为古人，哀哉！

【注释】

①苏轼于熙宁十年（1077）至元丰二年（1079）知徐州。　②张师厚：苏轼的同乡，苏轼曾为其作《送蜀人张师厚赴殿试二首》，见《东坡全集》卷十。　③此诗为苏轼《定惠院寓居月夜偶出》第二首，见《东坡全集》卷十一。

【点评】

这篇短短的文章写了三个场景：其一，作者在徐州与三友人吹箫饮酒杏花下；其二，第二年，作者在黄州对月独酌，作诗怀念徐州之会；其三，当前，作者听闻三友人中第二人的死讯，作文以悼之。短短十余年，已是物是人非，沧海桑田，而当时之乐，更增益了今日之悲。

黎檬子①

吾故人黎錞②，字希声，治《春秋》有家法③，欧阳文忠公喜之④。然为人质木迟缓，刘贡父戏之为"黎檬子"⑤，以谓指其德，不知果木中真有是也。一日联骑出，闻市人有唱是果鬻之者⑥，大笑，几落马⑦。今吾谪海南，所居有此，霜实累累，然二君皆入鬼录⑧。坐念故友之风味，岂复可见！刘固不泯于世者⑨，黎亦能文守道不苟随者也⑩。

【注释】

①黎檬子：水果名，又称广东柠檬、益母果等。原文为"黎檬子"，误，"檬"当为"檬"。 ②黎錞（chún）：广安人，著名经学家，庆历年间进士，官至朝议大夫。 ③治《春秋》有家法：治《春秋》经学，有家学承继。 ④欧阳文忠公：即欧阳修，文忠是他的谥号。 ⑤刘贡父：北宋史学家刘攽，字贡父，临江人，庆历年进士，官至中书舍人，曾参与司马光《资治通鉴》的编纂工作。 ⑥鬻（yù）：卖。 ⑦几：几乎。 ⑧入鬼录：已亡故。 ⑨不泯于世：不泯灭于世，不朽。 ⑩不苟：不苟且。

【点评】

"蒙"有愚钝、蒙昧之意，《易经》中就有《蒙》卦。刘攽戏谑黎錞愚钝，故给他起绰号"黎檬子"，不料世间真有同名的水果，且恰好就在二人同行时遇到，故尤为可乐。这在当时也算是一桩文人雅事。多年以后，苏轼在被贬谪海南时又见到黎檬子这种水果，只是昔人已逝，只剩下睹物思人之情了。

记刘原父语①

昔为凤翔幕②，过长安，见刘原父，留吾剧饮数日。酒酣，谓吾曰："昔陈季弼告陈元龙曰：'闻远近之论，谓明府骄而自矜。'③元龙曰：'夫闺门雍穆，有德有行，吾敬陈元方兄弟；渊清玉洁，有礼有法，吾敬华子鱼；清修疾恶，有识有义，吾敬赵元达；博闻强记，奇逸卓荦，吾敬孔文举；雄姿杰出，有王霸之略，吾敬刘玄德。'④所敬如此，何骄之有？余子琐琐⑤，亦安足录哉！'"因仰天太息。此亦原父之雅趣也。吾后在黄州，作诗云："平生我亦轻余子⑥，晚岁谁人念此翁？"盖记原父语也。原父既没久矣，尚有贡父在，每与语。今复死矣，何时复见此俊杰人乎？悲夫！

【注释】

①刘原父：刘敞之兄刘敞，字原父，北宋经学家、史学家，与弟刘攽同科进士，官至集贤院学士。　②凤翔幕：指嘉祐六年（1061），苏轼任大理评事、签书凤翔府判官。　③刘敞之语引自陈寿《三国志·魏书二十二》。陈季弼：指陈矫，广陵郡东阳人，曹魏名臣，曹操拜丞相长史，曹丕时任尚书令。陈元龙：指陈登，下邳人，东汉末年为东城太守。明府：指陈登，陈登当过太守，汉代人尊称太守为"明府"。　④陈矫转告

陈登，说有人指责他骄傲自大，陈登则一一列举当时名士，声言此辈皆为自己平时所敬佩，以驳其说之非。陈元方兄弟：指陈纪、陈谌兄弟，东汉名臣陈寔之子，三人均以美德闻名。华子鱼：指华歆，平原高唐（今山东聊城）人，曹魏重臣。赵元达：指赵昱，曾任别驾从事，《三国志》卷八说他"高洁廉正，抱礼而立，清英俨恪，莫干其志；旌善以兴化，殚邪以矫俗"。孔文举：指孔融，曾任北海相、青州刺史、太中大夫，建安七子之一，后激怒曹操，为其所杀。以上诸人都是东汉末年的名士。　⑤余子琐琐：陈登说除去这些名士以外的其他人，琐碎不足谈论。　⑥亦轻余子：苏轼说自己与陈登、刘原父一样，轻视那些琐琐之人。

【点评】

　　知音难求，刘原父之叹与苏轼之悲都出于惺惺相惜，有物伤其类之感。故友相继凋零，又引起作者对人生无常的悲鸣。此文与杜甫"访旧半为鬼，惊呼热中肠"的诗句异曲同工。

怀古

广武叹①

昔先友史经臣彦辅谓余②："阮籍登广武而叹曰③：'时无英雄，使竖子成其名！'岂谓沛公竖子乎④？"余曰："非也，伤时无刘、项也，竖子指魏、晋间人耳。"其后余闻润州甘露寺有孔明、孙权、梁武、李德裕之遗迹⑤，余感之赋诗，其略曰："四雄皆龙虎，遗迹俨未刓⑥。方其盛壮时，争夺肯少安！废兴属造化，迁逝谁控抟？况彼妄庸子，而欲事所难。聊兴广武叹，不得雍门弹⑦。"则犹此意也。今日读李太白《登古战场》诗云："沉湎呼竖子⑧，狂言非至公。"乃知太白亦误认嗣宗语，与先友之意无异也。嗣宗虽放荡，本有意于世，以魏、晋间多故，故一放于酒，何至以沛公为竖子乎？

【注释】

①广武：在今河南郑州荥阳，为刘邦、项羽两军相争之处，即所谓"楚河汉界"。今仍存有楚王城、汉王城遗迹。 ②史经臣：字彦辅，为苏轼同乡、好友。史经臣所引出自《晋书·阮籍传》。 ③阮籍：字嗣宗，魏晋名士，为竹林七贤之一。 ④沛公：刘邦起兵于沛县，人称沛公。竖子：犹小子，是对人的蔑称。关于阮籍所说的竖子所指为何，历来存在争议。有人认为是指刘邦，也有人认为是指魏晋间阮籍同时代的人。 ⑤润州：治今江苏镇江。梁武：南朝梁武帝萧衍，梁朝的建立者。李德

裕：字文饶，唐武宗时宰相。　⑥刓（wán）：磨损，损坏。　⑦不得雍门弹：指空有才华，无知音赏识。雍门弹，齐国有善鼓琴者名雍门子周，曾为孟尝君演奏，令其感动落泪。　⑧沉湎：沉溺于饮酒。

【点评】

据司马迁《史记》记载，刘邦出身微贱，且早年多有无赖之举，故后世有不少人，包括李白，都将阮籍所言的"竖子"理解为刘邦。但苏轼却对此观点不以为然。他认为阮籍本是有心用世之人，其表面上沉沦放荡，实则迫于无奈。既如此，他就不可能将叱咤风云、一扫群雄的汉高祖刘邦视为竖子一枚。所谓竖子之诮，乃阮籍讽刺魏晋之际无人才可用罢了。

涂巷小儿听说三国语①

王彭尝云②："涂巷中小儿薄劣③，其家所厌苦，辄与钱，令聚坐听说古话④。至说三国事，闻刘玄德败，颦蹙有出涕者⑤；闻曹操败，即喜唱快⑥。以是知君子小人之泽，百世不斩。⑦"彭，恺之子，为武吏，颇知文章，余尝为作哀辞，字大年。

【注释】

①涂巷小儿：指出自最普通的人家的小孩子。涂巷，道路，街坊。②王彭：苏轼任凤翔府判官时，王为监府诸军，苏轼《王大年哀词》云王彭"武胜军节度观察留后讳凯之子也。少时从父讨贼甘陵，搏战城下，所部斩七十余级，手射杀二人"。　③薄劣：低劣。　④古话：指宋代流

行的民间说书话本。　⑤颦蹙（pín cù）：皱眉不乐之貌。　⑥唱快：称快。　⑦君子小人之泽，百世不斩：化用《孟子·离娄下》"君子之泽，五世而斩；小人之泽，五世而斩"，反用其意，指历史人物的功过会流传百世而不泯灭。泽：恩泽。斩：断绝。

【点评】

　　三国人物的品评，尊刘抑曹的风气自北宋时就形成了。这一方面是由于宋人有较强的正统观念，以蜀汉为继承汉朝的正统，另一方面也跟北宋与辽的南北对峙有关。

修养

养生说

已饥方食,未饱先止。散步逍遥,务令腹空。当腹空时,即便入室,不拘昼夜,坐卧自便,惟在摄身,使如木偶①。常自念言:"今我此身,若少动摇,如毛发许,便堕地狱。如商君法②,如孙武令,事在必行,有犯无恕。"又用佛语及老聃语③,视鼻端白④,数出入息,绵绵若存,用之不勤⑤。数至数百,此心寂然,此身兀然⑥,与虚空等⑦,不烦禁制⑧,自然不动。数至数千,或不能数,则有一法,其名曰"随":与息俱出,复与俱入,或觉此息,从毛窍中,八万四千,云蒸雾散,无始以来,诸病自除,诸障渐灭⑨,自然明悟。譬如盲人,忽然有眼,此时何用求人指路?是故老人言尽于此。

【注释】

①惟在摄身,使如木偶:收摄身心,使之如木偶一般无意识。 ②商君法:商鞅在秦国变法发布的法令,以严酷著称。 ③老聃:老子,名聃。 ④视鼻端白:眼观自己鼻头处。 ⑤绵绵若存,用之不勤:出自《道德经》第六章,为老子形容谷神之语。此处指气息出入循环自如。 ⑥兀然:昏然无知。 ⑦与虚空等:使身体如虚空一般。 ⑧不烦禁制:对气息不刻意禁止、控制,顺其自然。 ⑨诸障:各种障,"障"为佛教用语,指烦恼等阻碍自己悟道的念头。

【点评】

苏轼修身之法,不拘何家何派,一切以实用为标准,佛教、道教之术信手拈来,这也是苏轼思想的一大特色。

论雨井水

时雨降,多置器广庭中,所得甘滑不可名,以泼茶煮药①,皆美而有益,正尔食之不辍,可以长生。其次井泉甘冷者,皆良药也。《乾》以九二化《坤》之六二为《坎》,故天一为水。②吾闻之道士,人能服井花水③,其热与石硫黄钟乳等,非其人而服之,亦能发背脑为疽④,盖尝观之。又分、至日取井水,储之有方,后七日辄生物如云母状⑤,道士谓"水中金",可养炼为丹,此固常见之者。此至浅近,世独不能为,况所谓玄者乎?

【注释】

①泼茶:此处并不是指把茶水泼掉,而是相当于煮茶之意。宋人饮茶有煎茶、煮茶、瀹茶、泼茶等法,泼茶是宋人多种饮茶技法中的一种。②在《周易》中,《坎》卦为第二十九卦,象征着水。《说卦传》曰:"坎为水。"而《坎》卦的三爻中,上下两爻为阴爻,中间一爻为阳爻,可以看作是由《乾》卦的第二爻(即"九二")进入《坤》卦,替换《坤》卦的第二爻(即"六二")所成。所以文中说"《乾》以九二化《坤》之六二为《坎》"。天一为水:语出《尚书大传·五行传》。按:《周易》说天之数为一,而《尚书大传·五行传》中的五行次序又以水为

五行之首,这样天就与水相配,故《尚书大传·五行传》云:"天一生水。" ③井花水:清晨初汲的水。 ④发背脑为疽(jū):发作于背部与头部的疮痛。 ⑤云母:自然界的一种矿物质,多为半透明的晶体,外观类似云朵,故名云母。

【点评】

汉以后,道教中开始流行炼丹术,道士将矿石等物炼为丹药,意图服用后成仙或长生不老。雨水、井水之类平常之物也可作为炼丹之辅药。

论修养帖寄子由①

任性逍遥,随缘放旷,但尽凡心,别无胜解②。以我观之,凡心尽处,胜解卓然③。但此胜解不属有无④,不通言语,故祖师教人到此便住⑤。如眼翳尽⑥,眼自有明,医师只有除翳药,何曾有求明药?明若可求,即还是翳。固不可于翳中求明,即不可言翳外无明。而世之昧者,便将颓然无知认作佛地,若如此是佛,猫儿狗儿得饱熟睡,腹摇鼻息,与土木同,当恁时,可谓无一毫思念,岂谓猫狗已入佛地?故凡学者,观妄除爱⑦,自粗及细,念念不忘,会作一日,得无所住。弟所教我者,是如此否?因见二偈警策⑧,孔君不觉耸然⑨,更以闻之。书至此,墙外有悍妇与夫相殴,詈声飞灰火,如猪嘶狗噑。因念他一点圆明⑩,正在猪嘶狗噑里面,譬如江河鉴物之性,长在飞砂走石之中。寻常静中推求,常患不见,今日闹里忽捉得些子⑪。元丰六年三月二十五日。

【注释】

①子由：苏轼之弟苏辙，字子由。　②胜解：佛教术语，又叫信解，指深刻的理解。　③卓然：卓越。　④不属有无：佛教中僧肇讲"非有非无"、有无双遣，既不说万法为有，也不说万法为无，说非有非无，意在避免人的念头的执着、偏执。苏轼说"不属有无"当是此意。　⑤祖师：指禅家五宗七派的开门祖师。　⑥眼翳：指白内障。　⑦观妄除爱：佛教认为世间一切皆为妄念所生，人要除去爱欲方得解脱。　⑧偈：佛教中的一种唱词，多为四句。　⑨孔君：即毛孔。　⑩圆明：佛教说的一种人彻底领悟的境界。　⑪些子：宋代的俗语，一些的意思。

【点评】

颓然无知只是修禅达到一定境界后呈现出来的一种精神状态，世人却把颓然无知本身当作修禅的目的，若此，颓然无知如猫狗之类岂非都有佛缘了？只见表象，不及本质，往往出于修佛之心过于执着，从而产生妄念。

导引语①

导引家云："心不离田②，手不离宅③。"此语极有理。又云："真人之心，如珠在渊；众人之心，如泡在水。"④此善譬喻者。

【注释】

①导引：古代的一种养生术。　②心不离田：意念不离丹田。　③手

不离宅：手的动作围绕着身体伸展。宅，住所，居住地，指人的身体。④得道真人的心就像明珠在渊那样深藏不露，而众人的心则像水泡一样，轻飘、浮于表面而易逝。真人：指得道的高人。泡：水泡。

【点评】

如珠在渊，是道家、道教常用的比喻；如泡在水，为佛教常用的比喻。佛、道二教信手拈来，果然是善譬喻者。

录赵贫子语

赵贫子谓人曰："子神不全①。"其人不服，曰："吾僚友万乘，蝼蚁三军②，糠秕富贵而昼夜生死③，何谓神不全乎？"贫子笑曰："是血气所扶，名义所激，非神之功也。"明日问其人曰："子父母在乎？"曰："亡久矣。""尝梦见乎？"曰："多矣。""梦中知其亡乎？抑以为存也？"曰："皆有之。"贫子曰："父母之存亡，不待计议而知者也④。昼日问子，则不思而对；夜梦见之，则以亡为存。死生之于梦觉有间矣，物之眩子而难知者，甚于父母之存亡。⑤子自以神全而不学，可忧也哉！"予尝与其语，故录之。

【注释】

①子：你。神：精神。全：指精神完整无缺，不受外物干扰。　②僚友万乘，蝼蚁三军：即以皇帝为僚友，以三军为蝼蚁。　③糠秕富贵而昼夜生死：以富贵为糠秕，以生死为昼夜。　④不待计议而知：不假思索就知道。　⑤对于父母死还是生这件事，人在梦中的感觉与平时的认识是不

一样的。外物眩惑人的神志，而有种种难以预料的情况，其复杂性更远远超过了对父母死生存亡的认知（在人的梦、觉两种状态中各异）这件事带给人的迷惑。间：差别。眩：眩惑。

【点评】

赵贫子，史传未载其人，从文中看，是苏轼结识的一位民间修道之人。《东坡志林》收录东坡平生所见趣闻轶事，无论达官贵人还是贩夫走卒，有片言可取者都采录之，这是《东坡志林》一书的最大特色。

养生难在去欲

昨日太守杨君采、通判张公规邀余出游安国寺①，坐中论调气养生之事。余云："皆不足道，难在去欲。"张云："苏子卿啮雪啖毡②，蹈背出血③，无一语少屈，可谓了生死之际矣，然不免为胡妇生子④。穷居海上，而况洞房绮疏之下乎⑤？乃知此事不易消除。"众客皆大笑。余爱其语有理，故为记之。

【注释】

①安国寺：建于唐显庆三年（658），原名护国寺，宋仁宗赐名"安国"，改名安国寺。　②苏子卿：苏武，曾出使匈奴，被扣留十九年，持汉节而不降。《汉书》有传。啮雪啖毡：匈奴将苏武流放到北海（今贝加尔湖）放牧，苏武困窘至以毡、雪为食。　③蹈背出血：苏武为免受辱而自杀，被人置于地坑温火之上施救，脚踩后背出血，苏武气绝复苏。　④为胡妇生子：苏武居留匈奴期间，曾娶胡妇，生一子。　⑤绮疏：雕刻花纹的窗户。

【点评】

苏武北海之事，可证孟子所言大丈夫"威武不能屈"较易做到，而"富贵不能淫"实难。

阳丹诀

冬至后斋居，常吸鼻液，漱炼令甘①，乃咽下丹田。以三十瓷器，皆有盖，溺其中②，已，随手盖之，书识其上③，自一至三十。置净室，选谨朴者守之④。满三十日开视，其上当结细砂如浮蚁状，或黄或赤，密绢帕滤取。新汲水净，淘澄无度，以秽气尽为度，净瓷瓶合贮之。夏至后取细研，枣肉丸如梧桐子大，空心酒吞下，不限丸数，三五日后服尽。夏至后仍依前法采取，却候冬至后服。此名阳丹阴炼，须清净绝欲，若不绝欲，其砂不结。

【注释】

①漱炼：反复漱口，直到口中有甘甜之感。 ②溺：尿。 ③识：标志。 ④谨朴：谨慎朴实。

【点评】

这一篇文章讲的是提取人尿入药的过程，阳丹即指人尿。按：提取人尿入药，现代医学也有此做法。

阴丹诀①

取首生男子之乳②,父母皆无疾恙者,并养其子,善饮食之,日取其乳一升,少只半升已来亦可。以朱砂银作鼎与匙③,如无朱砂银,山泽银亦得④。慢火熬炼,不住手搅如淡金色,可丸即丸,如桐子大,空心酒吞下,亦不限丸数。此名阴丹阳炼。世人亦知服秋石⑤,然皆非清净所结;又此阳物也,须复经火,经火之余皆其糟粕,与烧盐无异也。世人亦知服乳,乳,阴物,不经火炼则冷滑而漏精气也。此阳丹阴炼、阴丹阳炼,盖道士灵智妙用,沉机捷法⑥,非其人不可轻泄,慎之!慎之!

【注释】

①阴丹:古人把妇人乳汁称为阴物,将乳汁以火炼制而成的丹药称为阴丹。以这种丹药养生,今天看来是荒诞不经的。 ②首生男子之乳:头胎生男孩的女子所产之乳。 ③朱砂银:以朱砂与诸药合炼而成。 ④山泽银:一种铅汞化合物。朱砂银与山泽银都是用道教"黄白术"炼得的银白色的药银,并不是真正的银子。 ⑤秋石:别名秋丹石、秋冰,是人尿的结晶物,可入中药、西药。 ⑥沉:沉着。机:几,发现事物变化的征兆。捷法:快捷奏效之法。

【点评】

将人尿提炼后入药,现代医学仍有此种做法,但以妇人乳汁炼丹,用来养生,就毫无根据了,是荒诞不经的。

乐天烧丹①

乐天作庐山草堂,盖亦烧丹也,欲成而炉鼎败。来日,忠州刺史除书到②。乃知世间、出世间事,不两立也。仆有此志久矣,而终无成者,亦以世间事未败故也,今日真败矣③。《书》曰:"民之所欲,天必从之。"④信而有征⑤。

【注释】

①乐天:白居易,字乐天。 ②忠州:今属重庆。除书:指委任白居易为忠州刺史的诏书。 ③败:指自己被贬谪之事。 ④民之所欲,天必从之:出自《尚书·泰誓》。 ⑤征:征验。

【点评】

既然前辈白居易炼丹失败,却带来了官场得意,那么按照世间事(做官)失意,则出世间事(修道)必得意的说法,自己官场失意,炼丹也许就会成功吧。这是一种自嘲的说法。

赠张鹗

张君持此纸求仆书,且欲发药。不知药,君当以何品?吾闻《战国策》中有一方,吾服之有效,故以奉传。其药四味而已:一曰无事以当贵,二曰早寝以当富,三曰安步以当车,四曰晚食以当肉。①夫已饥而食，蔬食有过于八珍，而既饱之余，虽刍豢满前②，惟恐其不持去也。若此可谓善处穷者矣，然而于道则未也。安步自佚③，晚食为美，安以当车与肉为哉？车与肉犹存于胸中，是以有此言也。

【注释】

①《战国策·齐策四》："晚食以当肉，安步以当车，无罪以当贵，清静贞正以自虞。"苏轼对原文加以变化，自出新意。当：代替。晚食：晚一点进餐。 ②刍豢（huàn）：牛羊猪狗之类。《孟子·告子上》："故理义之悦我心，犹刍豢之悦我口。"朱熹注曰："草食曰刍，牛羊是也；谷食曰豢，犬豕是也。" ③安步自佚：以散步为愉快之事。佚，愉快。

【点评】

《战国策》中说，平安无事、早睡早起的生活比大富大贵还要好；稍晚一点进餐，会吃得很香（因为饿了），感觉跟吃了肉差不多；悠闲漫步，如同坐车一样安逸。但苏轼认为，这句话只能证明言者善于在困境中坚守，离真正的"道"还很远，因为他仍然以"车"、"肉"为喻，车、肉犹在其心中。

记三养

东坡居士自今日以往，不过一爵一肉①。有尊客，盛馔则三之②，可损不可增。有召我者，预以此先之③，主人不从而过是者，乃止。一曰安分以养福，二曰宽胃以养气，三曰省费以养财。元符三年八月。

【注释】

①一爵一肉：每餐只饮一杯酒，吃一个荤菜。 ②盛馔：丰盛的筵席。三之：三倍，即饮三杯酒，吃三个荤菜。 ③将此标准预先告诉主人。

【点评】

这是作者给自己养生制定的戒条，最后一条实为自嘲，读后令人忍俊不禁。

谢鲁元翰寄暖肚饼①

公昔遗余以暖肚饼，其直万钱。我今报公亦以暖肚饼，其价不可言。中空而无眼，故不漏；上直而无耳，故不悬；以活泼泼为内，非汤非水；以赤历历为外②，非铜非铅；以念念不忘为项，不解不缚；以了了常知为腹③，不方不圆。到希领取，如不肯承当，却以见还④。

【注释】

①鲁元翰：鲁有开，字元翰，苏轼友人，历任韦城知县，金州、卫州知州，官至膳部郎中、中大夫。《宋史·循吏传》谓其"有古循吏风"。暖肚饼：从下文看，当是一种敷贴于腹部的膏药。 ②赤历历：即赤裸裸，指肚皮。 ③了了常知：明了一切。 ④如不肯承当，却以见还：若

不愿领受,就请归还。这是一种戏谑的说法。

【点评】

苏轼所说的"暖肚饼"是以人生警言为药,以赠友人。所谓"中空而无眼"、"活泼泼"、"了了常知"、"不方不圆",都是苏轼总结的一些处世之道。

辟谷说①

洛下有洞穴②,深不可测。有人堕其中不能出,饥甚,见龟蛇无数,每旦辄引首东望,吸初日光咽之,其人亦随其所向,效之不已,遂不复饥,身轻力强。后卒还家,不食,不知其所终。此晋武帝时事。辟谷之法以百数,此为上,妙法止于此。能服玉泉③,使铅汞具体④,去仙不远矣⑤。此法甚易知易行,天下莫能知,知者莫能行,何则?虚一而静者⑥,世无有也。元符二年,儋耳米贵,吾方有绝粮之忧,欲与过子共行此法,故书以授之。四月十九日记。

【注释】

①辟谷:道家的一种养生方法,又称却谷、绝粒,辟谷者修炼期间,不食五谷。 ②洛下:即洛阳。 ③玉泉:指口中的津液。宋黄休复《茅亭客话·杜大举》:"服玉泉法,去三尸,坚齿发,除百病。玉泉者,舌下两脉津液是也。" ④铅汞具体:铅汞具于体内。道教外丹学的铅汞指服用铅、汞合炼而成的丹药,内丹学的铅汞指灵气与元神。 ⑤去仙不远:离成仙不远了。 ⑥虚一而静:见于《荀子·解蔽》,意为专一冷静

观察事物，此处的含义接近老子"致虚极，守静笃"之说，指保持虚而静的心态。

【点评】

辟谷是道教的修炼方法，其特点是通过绝食、调气息或者服草药以达到调节身体功能、延年益寿的效果。但苏轼打算学习辟谷，却不是为了修行，而是因为"儋耳米贵"，无粮度日乃至被迫如此，这正如其文中自言，"虚一而静者，世无有也"。

记服绢①

医官张君传服绢方，真神仙上药也。然绢本以御寒，今乃以充服食，至寒时当盖稻草席耳。世言着衣吃饭，今乃吃衣着饭耶？

【注释】

①服绢：即食绢为药。

【点评】

服绢养生，本为医官媚上之术，不但医理荒谬，也对社会财富造成了极大的浪费，苏轼"吃衣着饭"的批评可谓一语中的。所谓"神仙上药"的说法是对医官以及迷信此方的权贵的讥讽。

记养黄中①

元符三年，岁次庚辰；正月朔，戊辰；是日辰时，则丙辰也。

三辰一戊，四土会焉，而加丙与庚：丙，土母，而庚其子也。②土之富，未有过于斯时也。吾当以斯时肇养黄中之气，过此又欲以时取薤姜蜜作粥以啖③。吾终日默坐，以守黄中，非谪居海外，安得此庆耶？东坡居士记。

【注释】

①黄中：土为黄色，在与五行相配的方位里为中位，故曰黄中。黄中在人脏腑中为脾，养黄中即养脾胃之气。 ②在地支中，辰为土；在天干中，戊为土；三辰一戊，共有四土。丙在五行中为火，火生土，故曰丙为土母；庚为金，土生金，故曰庚为土之子。 ③薤（xiè）：一种草本植物，别名野蒜、野韭。啖：吃。

【点评】

仕途不利，谪居海外，本为不幸之事，但苦中作乐，却也因此有了闲暇"终日默坐"，意外获得了修身养性的好处。这若非生性达观、善于自谑之人，断不能说出此语。

疾病

子瞻患赤眼

余患赤目,或言不可食脍①。余欲听之,而口不可,曰:"我与子为口,彼与子为眼,彼何厚,我何薄?以彼患而废我食,不可。"子瞻不能决。口谓眼曰:"他日我痞②,汝视物吾不禁也。"管仲有言:"畏威如疾,民之上也;从怀如流,民之下也。"③又曰:"燕安酖毒,不可怀也。"④《礼》曰:"君子庄敬日强,安肆日偷。"⑤此语乃当书诸绅⑥,故余以"畏威如疾"为私记云。

【注释】

①脍:切得很细的肉片或鱼片。 ②痞(gù):口生疮。 ③畏惧法令,如同惧怕生病,这是上品之人;从怀如流,放纵自己如流水一样,这是下品之人。疾:疾病。 ④安逸满足如同服食毒药,不可怀恋。燕安:安逸满足。酖(dān):同耽。 ⑤语出《礼记·表记》。君子庄重恭敬,则内心一日比一日强大;安乐放肆,则日渐苟且偷安。 ⑥书诸绅:书写在衣带上。出自《论语·卫灵公》"子张书诸绅",文中比喻牢记此言。绅,衣带。

【点评】

这是一则寓言,苏轼以此警示世人,如果一味贪图安乐,"从怀如流",不知戒惧,长此以往,忧患必至。

治眼齿

岁日①，与欧阳叔弼、晁无咎、张文潜同在戒坛②。余病目昏，数以热水洗之。文潜曰："目忌点洗。目有病，当存之③，齿有病，当劳之④，不可同也。治目当如治民，治齿当如治军，治民当如曹参之治齐⑤，治军当如商鞅之治秦⑥。"颇有理，故追录之。

【注释】

①岁日：大年初一。 ②欧阳叔弼：欧阳棐，字叔弼，欧阳修第三子，历知襄、潞、蔡等州。晁无咎：晁补之，字无咎，历任吏部员外郎、礼部郎中等职，著有《鸡肋集》。张文潜：张耒，历官润州知州、太常寺少卿等。晁无咎与张耒都是苏轼弟子，同为"苏门四学士"之一。戒坛：佛教徒传戒之坛。 ③存之：让它休息。 ④劳之：让它多活动。 ⑤治民当如曹参之治齐：汉惠帝元年（前194），曹参任齐相，以黄老清静无为之术治齐，齐人得以休养生息。 ⑥治军当如商鞅之治秦：商鞅以严法治理秦国，政令苛酷，故张耒有此言。

【点评】

军、民属性不同，治法也要分别对待。治民，当让民众休养生息，以无事为上，如治眼病；治军，当令军队多演练，多打仗，以军法约束，如同治齿病时要让齿多活动。这是从治病联想到治国的大道理了。

庞安常耳聩①

蕲州庞君安常善医而聩②,与人语,须书始能晓③。东坡笑曰:"吾与君皆异人也,吾以手为口,君以眼为耳,非异人乎!"

【注释】

①耳聩:耳聋。 ②蕲(qí)州:治今湖北蕲春。 ③须书始能晓:把对话写在纸上才能明白。

【点评】

苏轼自谓以文章立世,这就是"以手为口",于是与"以眼为耳"的聋医生找到了共同点。

梦寐

记梦参寥茶诗①

昨夜梦参寥师携一轴诗见过,觉而记其《饮茶诗》两句云:"寒食清明都过了,石泉槐火一时新②。"梦中问:"火固新矣,泉何故新?"答曰:"俗以清明淘井。"当续成诗,以记其事。

【注释】

①参寥:即参寥子。 ②一时新:寒食断火,其后复引新火入灶,故云"一时新"。

【点评】

以下几篇内容都是记梦的。梦见别人作诗,醒后犹然完整记得,且欲将其续完,此种兴致,非常人所有。

记梦赋诗

轼初自蜀应举京师①,道过华清宫,梦明皇令赋《太真妃裙带词》②,觉而记之。今书赠柯山潘大临邠老③,云:"百叠漪漪水皱④,六铢縰縰云轻⑤。植立含风广殿⑥,微闻环佩摇声⑦。"元丰五年十月七日。

【注释】

①轼初自蜀应举京师：嘉祐元年（1056），苏轼首次出川，参加次年的科举考试。 ②明皇：唐玄宗。太真妃：即杨玉环。 ③潘大临：字邠老，柯山人，江西派诗人，著有《柯山集》。柯山在今浙江绍兴境内。 ④此句指嫔妃身上的衣纹重重叠叠如水波之皱。百叠：多重。 ⑤六铢：铢为重量以及货币单位，六铢为四分之一两，此处指质地极细、重量极轻的六铢衣，传说为仙人之服。唐代谷神子《博异志·岑文本》："又问曰：'比闻六铢者天人衣，何五铢之异？'对曰：'尤细者则五铢也。'"叶适《西江月·和李参政》："传观弓力异常钧，衣我六铢羞问。"云轻：如云一般轻。 ⑥植立：站立。含风广殿：唐代皇宫。 ⑦环佩：嫔妃身上所佩玉环之类。

【点评】

苏轼第一次赴京赶考，当时意气风发，志在必得，故在路过华清宫时，梦到唐玄宗令其赋诗。暗示自己此次金榜题名、进士及第，顺利通过了皇帝的殿试。

记子由梦

元丰八年正月旦日，子由梦李士宁①，草草为具，梦中赠一绝句云："先生惠然肯见客②，旋买鸡豚旋烹炙③。人间饮酒未须嫌，归去蓬莱却无吃④。"明年闰二月六日为予道之，书以遗过子⑤。

【注释】

①李士宁：北宋蜀地道士，与欧阳修、王安石都有交游。神宗熙宁八

年(1075),因李逢谋反事件被牵连入狱,流放永州,卒年不详。苏辙梦到李士宁的时间是元丰八年(1085),距离李士宁被发配永州已十年。②惠然:欣然。 ③旋买鸡豚旋烹炙:刚一买来鸡肉、猪肉,就烹烤加工。 ④归去蓬莱:死亡的委婉语。 ⑤书以遗(wèi)过子:书写此诗赠予三子苏过。遗,赠送。

【点评】

　　元丰二年(1079),苏轼因"谤讪朝廷"获罪,苏辙也受到牵连,一直到元丰七年(1084),量移为歙州绩溪县令,仍然处于被贬谪的状态。其梦见为李士宁赠诗,所言无非是"今朝有酒今朝醉"之意,表现出一种貌似豁达,实则得过且过的颓废(但第二年,苏辙就走出政治生涯中的低谷,回朝任官了)。苏轼录入此语,大概是想作为激励其子的警策之言吧。

记子由梦塔

　　明日兄之生日①,昨夜梦与弟同自眉入京②,行利州峡③,路见二僧,其一僧须发皆深青,与同行。问其向去灾福④,答云:"向去甚好,无灾。"问其京师所需,"要好朱砂五六钱。"又手擎一小卵塔⑤,云:"中有舍利⑥。"兄接得,卵塔自开,其中舍利灿然如花,兄与弟请吞之。僧遂分为三分,僧先吞,兄弟继吞之,各一两,细大不等,皆明莹而白,亦有飞进空中者。僧言:"本欲起塔,却吃了!"弟云:"吾三人肩上各置一小塔便了。"兄言:"吾等三人,便是三所无缝塔⑦。"僧笑,遂觉。觉后胸中噎噎然,微似含物。梦中甚明,故闲报为笑耳。

【注释】

①"兄"指苏轼自己,下句"弟"指苏辙。 ②眉:眉州。 ③利州:治今湖北监利。 ④向去:即去向。 ⑤卵塔:一种木质榫卯结构的经幢。 ⑥舍利:一般指佛教僧人焚化之后剩余的骨殖结晶物,也叫舍利子。 ⑦无缝塔:指肉身,肉身无缝,以肉身为塔。

【点评】

舍利是佛门圣物,苏轼在梦中却把它吃掉了,这种做法,倒像是道教徒以丹药进补的风范。

梦中作《祭春牛文》①

元丰六年十二月二十七日,天欲明,梦数吏人持纸一幅,其上题云:请《祭春牛文》。予取笔疾书其上,云:"三阳既至②,庶草将兴,爰出土牛,以戒农事。衣被丹青之好,本出泥涂;成毁须臾之间③,谁为喜愠④?"吏微笑曰:"此两句复当有怒者。"旁一吏云:"不妨,此是唤醒他。"

【注释】

①祭春牛:古代立春风俗,以泥土捏成牛形,使人鞭打之,也叫"打春牛"。 ②三阳:冬至为一阳生,十二月为二阳生,正月为三阳至。 ③须臾:片刻。 ④愠:发怒。

【点评】

　　元丰六年（1083），是苏轼被贬于黄州的第四年。苏轼此前屡遭文网罗织罪名，在梦中，苏轼作《祭春牛文》，其"本出泥涂"、"谁为喜愠"两句仍表现出怨艾之意，故为小吏看破。此梦反映了苏轼忧谗畏讥，对自己前程、命运的担心。

梦中论《左传》

　　元祐六年十一月十九日五更，梦数人论《左传》，云："《祈招》之诗固善语①，然未见所以感切穆王之心，已其车辙马迹之意者②。"有答者曰："以民力从王事，当如饮酒，适于饥饱之度而已。若过于醉饱，则民不堪命，王不获没矣。"觉而念其言似有理，故录之。

【注释】

　　①《祈招》：据《左传·昭公十二年》记载，周穆王欲出游天下，祭公谋父作《祈招》之诗以谏阻之。　②已其车辙马迹：劝止穆王不去出游。已，停止。

【点评】

　　元祐六年（1091）三月，苏轼离开杭州回朝，八月，赴颍州任知州。这一年冬天，颍州雪灾，冻死者众多，苏轼对小民之艰辛有了更加深刻的体会，他竭尽全力纾解民困，日有所思，夜有所梦，故得此文。

梦中作靴铭

轼倅武林日①,梦神宗召入禁中,宫女围侍,一红衣女童捧红靴一只,命轼铭之。觉而记其一联云:"寒女之丝,铢积寸累;天步所临,云蒸雷起。"既毕进御,上极叹其敏,使宫女送出。睇视裙带间有六言诗一首②,云:"百叠漪漪风皱,六铢縰縰云轻。植立含风广殿,微闻环佩摇声。"

【注释】

①倅(cuì):副。武林:即杭州,得名自武林山,即今灵隐山一带。此处指苏轼熙宁四年(1071)到杭州任通判。通判辅佐知州,相当于副职。 ②睇(dì):斜着眼看。

【点评】

这首诗苏轼在前文《记梦赋诗》中也提到过,内容完全相同,当为诗人误记。

记梦①

予尝梦客有携诗相过者,觉而记其一诗云:"道恶贼其身②,忠先爱厥亲③。谁知畏九折④,亦自是忠臣。"文有数句若铭赞者,云:"道之所以成,不害其耕;德之所以修,不贼其牛。"

【注释】

①以下四则同在《记梦》题目下。　②道恶贼其身：如果所为之道为恶道，则最终会祸及其身。　③忠先爱厥亲：先爱其亲，才能做到忠君。　④九折：命运多曲折。

【点评】

在儒家思想中，尽孝与忠君是相通的，且道与德都来自人伦日用，并体现在日常生活中（道"不害其耕"、德"不贼其牛"）。

予在黄州，梦至西湖上，梦中亦知其为梦也。湖上有大殿三重，其东一殿题其额云"弥勒下生"。梦中云："是仆昔年所书。"众僧往来行道，太半相识，辨才、海月皆在①，相见惊异。仆散衫策杖②，谢诸人曰③："梦中来游，不及冠带④。"既觉，亡之。明日得芝上人信⑤，乃复理前梦，因书以寄之。

【注释】

①辨才、海月：皆为当时著名诗僧，与苏轼交游。辨才，俗姓徐氏，名元净，字无象，杭州於潜人，早年出家灵隐寺，晚年主持寿圣院（龙井寺），种茶谈佛，与苏轼等名士相唱和，元祐六年（1091）圆寂。海月，名惠辩，曾任杭州僧正，与苏轼友善，寂灭后，苏轼曾作《吊天竺海月辩师三首》表示怀念。　②散衫策杖：穿着闲居的服装，拄着杖。　③谢：致歉。　④冠带：戴帽子束腰带，指穿上正式的官服。　⑤芝上人：僧人昙秀。

【点评】

梦中知其为梦，又对人说自己此行为梦中之游，这是奇中之奇了。

宣德郎、广陵郡王宅大小学教授眉山任伯雨德公①，丧其母吕夫人，六十四日号踊稍间②，欲从事于佛。或劝诵《金光明经》③，具言世所传本多误，惟咸平六年刊行者最为善本，又备载张居道再生事④。德公欲访此本而不可得，方苫卧柩前⑤，而外甥进士师续假寐于侧⑥，忽惊觉曰："吾梦至相国寺东门，有鬻姜者云：'有此经。'梦中问曰：'非咸平六年本乎？'曰：'然。''有《居道传》乎？'曰：'然。'此大非梦也！"德公大惊，即使续以梦求之，而获睹鬻姜者之状，则梦中所见也。德公舟行扶柩归葬于蜀，余方贬岭外，遇吊德公楚、泗间，乃为之记。

【注释】

①宣德郎：官名。任伯雨：字德翁，眉州眉山人，神宗元丰五年（1082）进士，历任大宗正丞、左正言。崇宁元年（1102），因党争事被贬通州，宣和初卒，年七十三。《宋史》卷三百四十五有传。　②号：痛哭。踊：顿足。稍间：间歇。　③《金光明经》：有多种译本，此处当指《金光明最胜王经》，由唐三藏法师义净翻译。　④敦煌文书《忏悔灭罪金光明经冥报传》载张居道重生之事："昔温州治中张居道，因适女事，杀猪羊鹅鸭等，未逾一旬，得重病便死，经三夜活，即说由缘。"备载，详细记载。　⑤苫（shān）卧：古礼，父母初丧，孝子当苫卧守灵。苫，草垫子。　⑥假寐：小憩，打盹儿。

【点评】

梦中预见未来之事，这种经历很多人都有过，今天在科学上尚无合理的解释，苏轼当时也仅仅作为异闻载之。

昨日梦有人告我云："如真飨佛寿①，识妄吃天厨②。"予甚领其意。或曰："真即飨佛寿，不妄吃天厨。"予曰："真即是佛，不妄即是天，何但飨而吃之乎？"其人甚可予言③。

【注释】

①假如人能够认识到法性，就能如佛一样不朽。如真，佛教《阿含经》有《如真实在论》，指对法性（世界的真性，此性为空）的认识。飨，享用，受用。 ②一旦认识到世界是虚妄的，那么就该尽情享用上天赐予的各种美味。识妄，认识到世界的本质为虚妄。妄，佛教以凡俗世界为虚妄。天厨，指来自上天的美味。 ③可：认可，赞许。

【点评】

"如真"与"真"、"识妄"与"不妄"虽是一字之差，实则谬以千里。"如真"、"识妄"顶多是凡人修佛后的最高境界，但不可直接宣称自己就是"真"或"不妄"了，后者只有佛本身才能达到。

题李岩老

南岳李岩老好睡，众人食饱下棋，岩老辄就枕，阅数局乃一展转，云："君几局矣？"东坡曰："岩老常用四脚棋盘①，只着一色黑子②。昔与边韶敌手③，今被陈抟饶先④。着时自有输赢⑤，着了并无一物⑥。"欧阳公诗云："夜凉吹笛千山月，路暗迷人百种花。棋罢不知人换世⑦，酒阑无奈客思家。"殆是类也。

【注释】

①四脚棋盘：此句戏谑李岩仰面大睡，以己身为棋盘。　②只着一色黑子：谓李岩只在梦乡之中，所谓"黑甜乡"是也。　③此句说李岩嗜睡可与边韶媲美。边韶：字孝先，东汉经学家，好睡，弟子嘲笑他说："边孝先，腹便便；懒读书，但欲眠。"　④陈抟：五代宋初人，道教中的著名人物，号称陈抟老祖，据说宋初的《太极图》为陈抟所传。陈抟以善睡闻名。饶先：抢了先。　⑤着时：睡着时。　⑥着了：醒后。　⑦此句用了"王质烂柯"的典故。南朝任昉《述异记》载："信安郡有石室山，晋时王质伐木至，见童子数人棋而歌，质因听之。童子以一物与质，如枣核，质含之不觉饥。俄顷，童子谓曰：'何不去？'质起视，斧柯烂尽，既归，无复时人。"

【点评】

该文为了形容李岩嗜睡，援引了前朝几位善睡之人加以衬托，如边韶、陈抟，都有好睡之名。

梦南轩①

元祐八年八月十一日将朝，尚早，假寐，梦归谷行宅，遍历蔬圃中。已而坐于南轩，见庄客数人方运土塞小池，土中得两芦菔根②，客喜食之。予取笔作一篇文，有数句云："坐于南轩，对修竹数百，野鸟数千。"既觉，惘然思之③。南轩，先君名之曰"来风"者也④。

【注释】

①轩：窗，或有窗的小屋。　②芦菔：萝卜。　③惘然：心中若有所

思。　④先君：指苏轼父亲苏洵，其时早已去世多年。

【点评】

　　南轩，本为故宅一扇普通的轩窗，但因为先父赐名，就变得不一样了。梦中回忆坐于南轩，透出作者在宦海沉浮之际，萌生了强烈的思归之意，也因此引出对逝去亲人的怀念。

措大吃饭①

　　有二措大相与言志，一云："我平生不足惟饭与睡耳，他日得志，当饱吃饭了便睡，睡了又吃饭。"一云："我则异于是，当吃了又吃，何暇复睡耶！"吾来庐山，闻马道士善睡，于睡中得妙。然吾观之，终不如彼措大得吃饭三昧也。

【注释】

　　①措大：唐宋间俗语，语出张鷟《朝野佥载》："江陵号衣冠薮泽，人言琵琶多于饭甑，措大多于鲫鱼。"指贫寒落魄而又好高言论事的读书人，也称"穷措大"。

【点评】

　　虽然是读书人，谈论志向却唯有吃、睡二字，也难怪被人瞧不起，而蔑称其为"穷措大"了。但这则笑话也反映出一个社会现象：唐宋以后，随着科举制的普及，贫寒子弟读书以及参加科举的越来越多了。这种笑话的出现，反映出社会上对庶族寒士这一新兴群体的揶揄和偏见。

学问

记六一语①

顷岁孙莘老识欧阳文忠公②,尝乘间以文字问之③,云:"无它术,唯勤读书而多为之,自工。世人患作文字少,又懒读书,每一篇出,即求过人,如此少有至者。疵病不必待人指擿④,多作自能见之。"此公以其尝试者告人,故尤有味。

【注释】

①六一:欧阳修号六一居士。 ②顷岁:过去。孙莘老:孙觉,字莘老,高邮人,历官吏部侍郎、御史中丞、龙图阁学士。孙觉是苏轼的好友,苏轼弟子黄庭坚的岳父。 ③乘间:趁空子,利用机会。 ④指擿(tī):指出错误。

【点评】

欧公所言,当来自切身体会,其实无非勤能补拙之意,唯道理平实无奇,反而不为世人重视了。

命分

退之平生多得谤誉①

退之诗云:"我生之辰,月宿南斗。"②乃知退之磨蝎为身宫③,而仆乃以磨蝎为命,平生多得谤誉,殆是同病也。

【注释】

①谤誉:为偏正词,主要指"谤"。 ②见韩愈元和二年(807)所作诗《三星行》,诗中云"无善名已闻,无恶声已欢。名声相乘除,得少失有余",有忧谗畏讥之意。 ③磨蝎为身宫:磨蝎为十二宫之一。

【点评】

韩愈的生辰与磨蝎相配,苏轼也如此。又加上二人的命运相似,故得同病相怜之叹。

马梦得同岁①

马梦得与仆同岁月生,少仆八日。是岁生者,无富贵人,而仆与梦得为穷之冠。即吾二人而观之,当推梦得为首。

【注释】

①马梦得:马正卿,字梦得,今河南杞县人。苏轼贬官黄州,马正卿

任黄州通判。

【点评】

　　此文前面几句,读来备感悲苦,令人气沮,最后一句却出人意料地逆转,变为滑稽可笑了。

人生有定分

　　吾无求于世矣,所须二顷田以足饘粥耳①,而所至访问,终不可得。岂吾道方艰难,无适而可耶?抑人生自有定分,虽一饱亦如功名富贵不可轻得也?

【注释】

　　①饘(zhān)粥:稠稀饭。

【点评】

　　苏轼出名甚早,二十岁参加科举考试,得第二名,二十四岁应制科,得第三等,为宋初以来第二人。苏轼文章独步天下,而仕途多舛,官位最高不过翰林学士、礼部尚书,且屡遭贬谪,至有饥寒之虞,最困顿时,只能以"人生自有定分"来宽慰自己了。

送别

别子开①

子开将往河北,相度河宁。以冬至前一日被旨②,过节遂行。仆以节日来贺,且别之,留饮数盏,颓然竟醉。案上有此佳纸,故为作草露书数纸③。迟其北还,则又春矣,当为我置酒、蟹、山药、桃杏,是时当复从公饮也。

【注释】

①子开:曾肇,曾巩的弟弟,《宋史》有传。 ②被旨:接到圣旨。 ③作草:作草书。露书:指私人书信。

【点评】

元祐八年(1093),苏轼的友人曾肇上疏哲宗,建议防止近臣参政,为此遭到权贵攻击,被排挤出朝,知瀛州(河间)。瀛州地处宋朝边境,这番赴任,实为贬谪。苏轼的送别文并不细述曾肇任命之由,而是只用寥寥两句提到其任命仓促,就点出此行的非常意味了。而文末以美酒与时令佳物期许来日之会,足见苏轼对友人的慰藉之情。

昙秀相别

昙秀来惠州见予,将去,予曰:"山中见公还,必求一物,何以与之?"秀曰："鹅城清风，鹤岭明月，人人送与，只恐它无着处①。"予曰："不如将几纸字去，每人与一纸，但向道：此是言《法华》书里头有灾福②。"

【注释】

①无着处：无处安放。　②《法华》：《法华经》，是《妙法莲华经》的简称。

【点评】

昙秀说，苏轼可将清风明月送与众友人，但可惜无处安放。此为调侃话，意谓苏轼并无必要赠送礼物。苏轼也以玩笑回答昙秀，说那就让众人多读读《法华经》吧，自可避灾得福，这是最好的赠礼了。

别王子直①

绍圣元年十月三日②，始至惠州，寓于嘉祐寺松风亭，杖履所及，鸡犬相识③。明年，迁于合江之行馆，得江楼豁彻之观④，忘幽谷窈窕之趣，未见其所休戚⑤，峤南、江北何以异也⑥！虔州鹤田处士王原子直不远千里访予于此⑦，留七十日而去。东坡居士书。

【注释】

①王子直：王原，字子直，号鹤田山人，苏轼在被贬惠州时的友人。苏轼曾作《赠王子直秀才》一诗。　②绍圣元年：即1094年，绍圣是宋哲宗的年号。　③鸡犬相识：苏轼常去此地游历，以至于鸡犬都能认得他。

④豁彻：开阔、敞亮。　⑤休戚：喜乐与忧虑。　⑥峤南：岭南。　⑦虔州：治今江西赣州。

【点评】

　　无论身在岭南江北，境遇失意得意，天地之间处处皆有江楼之豁彻、幽谷之窈窕，正所谓"何处春江无月明"？随遇而安，可得安宁。

别石塔①

　　石塔别东坡②，予云："经过草草，恨不一见石塔。"塔起立云："遮着是砖浮图耶？"③予云："有缝。"④塔云："若无缝，何以容世间蝼蚁？"予首肯之。

【注释】

　　①石塔：扬州石塔寺有石塔，建于唐代。石塔寺，亦称木兰院、惠照寺。　②石塔别东坡：这一篇是寓言式的戏作文字。　③此句犹云对方是否为砖塔？苏轼将自己拟为砖塔，以与石塔相交游。浮图，也作浮屠，指僧人或佛塔。　④石塔无缝，砖塔有缝，故苏轼自感羞惭。

【点评】

　　石塔无缝，通体浑然，砖塔有缝，比起石塔显得逊色，但世间之物，皆各有其用，无砖塔之缝隙，则何以容世间蝼蚁？苏轼在文中先是自嘲平生不能免于世俗，后又以石塔之语为自己解怀。

别姜君①

元符己卯闰九月,琼士姜君来儋耳②,日与予相从,庚辰三月乃归。无以赠行,书柳子厚《饮酒》、《读书》二诗,以见别意。子归,吾无以遣日,独此二事日相与往还耳。二十一日书。

【注释】

①姜君:姜唐佐,字君弼,海南人,哲宗元符二年(1099)从苏轼学文,后成为海南第一位举人。 ②琼士:海南的士人。当时苏轼被贬至海南。

【点评】

姜君走后,唯有饮酒、读书二事方可消磨诗人流放的岁月了。患难之交,情谊弥足珍贵。

别文甫、子辩①

仆以元丰三年二月一日至黄州,时家在南都②,独与儿子迈来③,郡中无一人旧识者。时时策杖在江上,望云涛渺然,亦不知有文甫兄弟在江南也。居十余日,有长髯者惠然见过,乃文甫之弟子辩。留语半日,云:"迫寒食④,且归东湖。"仆送之江上,微风细雨,叶舟横江而去。仆登夏隩尾高丘以望之⑤,仿佛见舟及武昌,步乃还。尔后遂相往来,及今四周岁,相过殆百数。遂欲买田而老焉,然竟不遂。近忽量移临汝⑥,念将复去,而后期未可必。感物凄然,有不胜怀。浮屠不三宿桑下者⑦,有以也哉。七年三月九日。

【注释】

①文甫、子辩:分别为王齐愈和王齐万兄弟的字,王氏兄弟与苏轼友善,常互相唱和。 ②南都:商丘。北宋时,商丘为宋之南京。苏轼在黄州任团练副使期间,家属留在商丘。 ③迈:苏轼长子。 ④迫:近。 ⑤夏隩:地名,在黄州。 ⑥量移:唐宋时指官吏本因罪远谪,遇大赦迁于距京城近处任职,以显示朝廷开恩之举。临汝:在河南境内。 ⑦佛教《四十二章经》有出家人不三宿桑下,以免妄生依恋之说。《后汉书·襄楷传》云:"浮屠不三宿桑下,不欲久生恩爱,精之至也。"李贤注:"言浮屠之人寄桑下者,不经三宿便即移去,示无爱恋之心也。"

【点评】

苏轼一生漂泊无定,此时与友人诀别,忽悟佛经"浮屠不三宿桑下"典故的含义。人间悲欢离聚为常事,若无相爱,则彼此不生别离之苦,故作者"感物凄然,有不胜怀"。此中意味,令人感叹不已。

卷二

祭祀

八蜡①,三代之戏礼

八蜡,三代之戏礼也。岁终聚戏,此人情之所不免也,因附以礼义。亦曰不徒戏而已矣。祭必有尸②,无尸曰"奠",始死之奠与释奠是也。今蜡谓之"祭",盖有尸也。猫虎之尸,谁当为之?置鹿与女,谁当为之?非倡优而谁!葛带榛杖,以丧老物,黄冠草笠,以尊野服,皆戏之道也。③子贡观蜡而不悦,孔子譬之曰:"一张一弛,文、武之道。"④盖为是也。

【注释】

①八蜡(zhà):即蜡祭,古时年终祭祀之名。主祭百神、先祖。《礼记·郊特牲》:"天子大蜡八,伊耆氏始为蜡。蜡也者,索也。岁十二月,合聚万物,而索飨之也。"《礼记·月令》:"孟冬……腊先祖五祀。"郑注:"此周礼所谓蜡是也。"《说文》:"冬至后三戌,腊,祭百神也。"②尸:古代祭祀时,代表死者接受祭祀的人。③猫虎、鹿女、榛杖、黄冠等,都是蜡祭中的道具与仪式。《礼记·郊特牲》:"……迎猫,为其食田鼠也。迎虎,为其食田豕也……葛带榛杖,丧杀也……黄衣黄冠而祭,息田夫也。野夫黄冠,黄冠,草服也……草笠而至,尊野服也……罗氏致鹿与女,而诏客告也。"④语出《孔子家语·观乡射第二十八》:"子贡观于蜡,孔子曰:'赐也,乐乎?'对曰:'一国之人皆若狂,赐未知其为乐也。'孔子曰:'百日之劳,一日之乐,一日之泽,非尔所知也。张而

不弛,文武弗能;弛而不张,文武弗为。一张一弛,文武之道也。'"

【点评】

　　《孔子家语》记载,子贡与孔子同观蜡祭,子贡觉得蜡祭令举国若狂、不加克制,这难以理解,也不合礼节。孔子则认为,对人性来说,平时以礼制来约束是必需的,但偶尔给人以适当的宣泄也很有必要,这是人情的自然流露,有张才能弛,同样,有弛才能张。一张一弛,文武之道。苏轼主张,一般人好乐游、好佚荡,此为人情所不免,具有合理性、正当性。蜡祭首先是为满足人们"岁终聚戏",即狂欢的需要,其次才是圣人借势"附以礼义",以达到教化之功,这里面孰为主次的区分是很清晰的。

记朝斗①

　　绍圣二年五月望日②,敬造真一法酒成③,请罗浮道士邓守安拜奠北斗真君。将奠,雨作,已而清风肃然,云气解驳④,月星皆见,魁标皆爽⑤。彻奠⑥,阴雨如初。谨拜首稽首而记其事⑦。

【注释】

　　①朝斗:道教徒朝拜北斗七元星君。　②望日:指农历每月十五,月圆之日。　③真一法酒:为道教敬神所酿,苏轼曾作有《真一酒》诗。真一,道教名词,意为养生。法酒,为重大礼仪所酿之酒。　④解驳:乌云散去。　⑤魁标:魁星的位置。魁,魁星,道教中主管文章之神。爽:分明。　⑥彻奠:指结束仪式。　⑦稽首:跪拜叩头。

【点评】

　　此文为苏轼对拜祭北斗七元星君过程的记录。

兵略

匈奴全兵

匈奴围汉平城,群臣上言:"胡者全兵,请令强弩傅两矢外乡,徐行出围。"①李奇注"全兵"云②:"惟弓矛,无杂仗也③。"此说非是。使胡有杂仗,则傅矢外乡之策不得行欤?且奇何以知匈奴无杂仗也?匈奴特无弩耳。全兵者④,言匈奴自战其地,不致死,不得与我行此危事也。

【注释】

①语出《汉书·韩王信传》,此句是护军中尉陈平所言。傅两矢:将两支箭搭在弩上。外乡:向外。徐行:缓慢行走。 ②李奇:南阳人,注《汉书》。 ③杂仗:旗帜仪仗等杂物。 ④全:保全,保存。《文选·潘岳·关中诗》:"夫岂无谋,戎士承平。守有完郭,战无全兵。"李善注:"《孙子兵法》曰:'凡用师以全兵为上。'"

【点评】

全兵,指作战中对己方不利时,尽量保存有生力量,不与对手硬拼。李奇将《汉书》中"匈奴全兵"的记载理解成匈奴人所执全为兵器,没有其他礼器杂仗之类,这是典型的望文生义。

八阵图

诸葛亮造八阵图于鱼复平沙之上,垒石为八行,相去二丈。桓温征谯纵,见之,曰:"此常山蛇势也。"①文武皆莫识。吾尝过之,自山上俯视,百余丈,凡八行,为六十四蕝②,蕝正圜③,不见凹凸处,如日中盖影。予就视,皆卵石,漫漫不可辨,甚可怪也。

【注释】

①语出《晋书》卷九十八《桓温传》:"初,诸葛亮造八阵图于鱼复平沙之上,垒石为八行,行相去二丈。温见之,谓'此常山蛇势也'。"鱼复:古县名,今重庆奉节东。桓温:东晋晚期的权臣、名将,曾三次北伐,先后消灭了北方的前秦、后秦、前燕三个政权。谯纵:南充人,东晋义熙元年(405),建立西蜀政权。桓温曾于永和三年(347)攻灭蜀地的成汉政权,谯纵称王时桓温已去世三十多年,此处是苏轼误记。 ②蕝(jué):古代诸侯朝会时表示位次的茅束。《国语·晋语八》:"置茅蕝,设望表。"后引申为标志。 ③圜:此处读yuán,同"圆"。

【点评】

现在重庆奉节仍有苏轼所言的"诸葛亮八阵图"遗存,但据考证,是古人煮盐留下的盐灶,与诸葛亮并无关系,是以讹传讹了。

时事

唐村老人言

儋耳进士黎子云言:"城北十五里许有唐村,庄民之老曰允从者,年七十余,问子云言:'宰相何苦以青苗钱困我①?于官有益乎?'子云言:'官患民贫富不均,富者逐什一益富②,贫者取倍称③,至鬻田质口不能偿,故为是法以均之。'允从笑曰:'贫富之不齐,自古已然,虽天公不能齐也,子欲齐之乎?民之有贫富,由器用之有厚薄也。子欲磨其厚,等其薄,厚者未动,而薄者先穴矣④!'"元符三年,子云过予言此。负薪能谈王道⑤,正谓允从辈耶?

【注释】

①青苗钱:熙宁二年(1069),宋神宗起用王安石,推行新法青苗法,其法是在庄稼青黄不接时,变卖库存的常平仓粮,以所得现款贷给农民,一年后归还,收息两分。青苗法本质上是一种农业贷款,出发点是帮助农民度过春荒,免受地主高利贷剥削,政府也借此增加了财政收入。但在实行过程中,也出现了一些弊端,如官吏强迫农民贷款等。青苗法的推行,当时遭到很多朝臣的反对,司马光、苏轼兄弟是其中最激烈的反对者。　②逐什一:逐什一之利,指商人买卖货物,追逐十分之一的利润。语出《史记·越王勾践世家》,范蠡"候时转物,逐什一之利。居无何,则致赀累巨万"。　③贫者取倍称:穷人借高利贷,取一还二。　④穴:

空,指穷人先破产。　⑤负薪:背负柴薪,古时对普通百姓的称呼。

【点评】

　　王安石变法伊始,苏轼就表示强烈反对,此文于元符三年(1100)写成,时距王安石实行变法已过去三十一年,而推行变法的王安石本人也已去世十四年了,苏轼对变法的态度终其一生未曾改变。王安石变法虽有设计上的缺陷,在实行中也出现了不少漏洞,但本意是为了纾解民困、富国强兵,且总体而言变法的效果也是不错的。苏轼文中借"唐村老人"之口,以"贫富之不齐,自古已然,虽天公不能齐也"作为反对王安石青苗法的理由,实在是过于牵强了。

记告讦事①

　　元丰初,白马县民有被杀者②,畏贼不敢告,投匿名书于县。弓手甲得之而不识字,以示门子乙。乙为读之,甲以其言捕获贼,而乙争其功。吏以为法禁匿名书,而贼以此发,不敢处之死,而投匿名者当流③,为情轻法重,皆当奏。苏子容为开封尹④,方废滑州,白马为畿邑⑤,上殿论奏:"贼可减死,而投匿名者可免罪。"上曰:"此情虽极轻,而告讦之风不可长。"乃杖而抚之。子容以谓贼不干己者告捕,而变主匿名⑥,本不足深过,然先帝犹恐长告讦之风,此所谓忠厚之至。然熙宁、元丰之间每立一法,如手实、禁盐、牛皮之类⑦,皆立重赏以劝告讦者,皆当时小人所为,非先帝本意。时范祖禹在坐⑧,曰:"当书之《实录》。"

【注释】

①告讦（jié）：告发。　②白马县：在今河南滑县。　③流：流放。　④苏子容：苏颂，字子容，福建人，官至刑部尚书、吏部尚书，哲宗时拜相。苏颂在医药、天文方面有很高的造诣，著有《本草图经》、《新仪象法要》、《苏魏公集》等。　⑤畿邑：京城直管县，据《续资治通鉴长编》卷二百三十七"神宗熙宁五年"条："……废滑州，以白马、韦城、胙城三县并隶开封府。"白马本为滑州下辖的县，废除滑州区划以后，白马县即为京城所辖，当地的案子直接交与开封府办理。　⑥变主：即苦主，受害者。　⑦手实：唐宋时令民户自报田亩数，据以征收赋税，叫手实法。亦称"首实法"。苏辙《民赋叙》："熙宁中，吕惠卿复建手实，抉私隐，崇告讦，以实贫富之等。"禁盐：指宋时食盐官卖，禁止私盐。牛皮：不知所指。　⑧范祖禹：字淳甫，一字梦得，北宋史学家，曾从司马光编《资治通鉴》，历官著作郎、右谏议大夫等，著《唐鉴》十二卷。《宋史》有传。

【点评】

　　此文关键之处，在"然熙宁、元丰之间每立一法……皆当时小人所为，非先帝本意"一句。先帝（神宗）仁厚，变法之事，全是王安石等人擅作胡为，故今日废除新法，也不是违反先帝的意旨。作者这是把王安石变法与宋神宗做切割，有很深的政治用意。

官职

记讲筵①

秘书监侍讲傅尧俞始召赴资善堂②，对迩英阁③。尧俞致谢，上遣人宣召答曰："卿以博学参预经筵，宜尊所闻，以辅不逮。"尧俞讲毕曲谢，上复遣人宣谕："卿讲义渊博，多所发挥，良嘉深叹。"是日，上读《三朝宝训》④，至天禧中，有二人犯罪，法当死，真宗皇帝恻然怜之，曰："此等安知法，杀之则不忍，舍之无以励众。"乃使人持去，笞而遣之，以斩讫奏。又祀汾阴日⑤，见一羊自掷道左⑥，怪问之，曰："今日尚食杀其羔⑦。"真宗惨然不乐，自是不杀羊羔。资政殿学士韩维读毕⑧，因奏言："此特真宗皇帝小善耳，然推其心以及天下，则仁不可胜用也。真宗自澶渊之役却狄之后⑨，十九年不言兵而天下富，其源盖出于此。昔孟子论齐王不忍杀觳觫之牛⑩，以为是心足以王。今恩足以及禽兽而功不及于百姓，岂不能哉？盖不为耳！外人皆云皇帝陛下仁孝发于天性，每行见昆虫蝼蚁，违而过之⑪，且敕左右勿践履，此亦仁术也。臣愿陛下推此心以及百姓，则天下幸甚！"轼时为右史，奏曰："臣今月十五日侍迩英阁，切见资政殿学士韩维因读《三朝宝训》至真宗皇帝好生恶杀，因论皇帝陛下在宫中不忍践履虫蚁，其言深切，可以推明圣德，益增福寿。臣忝备位右史，谨书其事于册，又录一本上进，意望陛下采览，无忘此心，以广好生之德，臣不胜大愿！"

【注释】

①讲筵：指为皇帝设置的经筵，古代帝王为讲论经史而特设御前讲席，宋代称为经筵，置讲官以翰林学士或其他官员充任或兼任。宋代以每年二月至端午节、八月至冬至节为讲期，逢单日入侍，讲官轮流讲读。　②秘书监：官名，东汉延熹二年（159）始设，至明代废除。宋代秘书监主要掌管图书经籍。傅尧俞：字钦之，孟州人，曾为英宗、仁宗、哲宗侍读，历官殿中侍御史、右司谏，元祐时官至吏部尚书、中书侍郎。资善堂：宋皇子读书处，设置有讲官。　③迩英阁：宋代禁苑宫殿名。迩，近，殿名取"亲近英才"之意。北宋时期多在迩英阁开经筵。　④宝训：宋代官方编辑君主言行的史书，后世君主也可通过研读"宝训"来学习先祖的事迹以及治国经验。《续资治通鉴长编》"仁宗明道元年二月"条："癸卯，监修国史吕夷简上《三朝宝训》三十卷。"仁宗所读的《三朝宝训》当为此本，主要记载太祖、太宗、真宗三朝的事迹。　⑤祀汾阴日：汉武帝时，将后土神定位于汾阴（今山西万荣附近），加以祭祀。此后祭汾阴后土成为历代帝王重要的祭祀。　⑥自掷道左：自己倒在道边。　⑦尚食：古时掌管皇帝膳食的官署，宋代指御厨。　⑧韩维：开封雍丘人，历官翰林学士、知开封府、中书侍郎，哲宗时被定为元祐党人而遭贬谪。著有《南阳集》，《宋史》卷三百一十五有传。　⑨澶渊之役却狄：宋真宗景德元年（1004），辽军大举南下，深入宋境，在寇准坚持下，真宗被迫亲征，在澶渊打败辽军，自此双方议和，签订外交盟约，其后宋、辽间一百多年没发生过战争。狄，夷狄，指契丹。　⑩齐王不忍杀觳觫之牛：此典故出自《孟子》。《孟子·梁惠王上》："（齐宣）王曰：'舍之。吾不忍其（牛）觳觫，若无罪而就死地。'"赵岐注："觳觫，牛当到死地处恐貌。"孟子以齐宣王不忍杀牛来引导他推此仁心及于

百姓。 ⑪违而过之：绕过而不践踏。

【点评】

澶渊之役后，宋、辽十九年不言兵，这主要与双方的实力对比以及对政治、外交策略的考虑有关，并非是宋真宗好生恶杀、行仁术能够决定的。

禁同省往来①

元祐元年，余为中书舍人，时执政患本省事多漏泄②，欲于舍人厅后作露篱，禁同省往来。余曰："诸公应须简要清通，何必栽篱插棘！"诸公笑而止。明年竟作之③。暇日读《乐天集》，有云："西省北院④，新构小亭，种竹开窗，东通骑省⑤，与李常侍窗下饮酒作诗⑥。"乃知唐时得西掖作窗以通东省，而今日本省不得往来，可叹也。

【注释】

①省：宋分尚书省、门下省、中书省。 ②执政：指宰相。时苏辙为中书舍人，文中又提到"本省"（中书），可见执政说的是当时的中书令。 ③竟：终究。 ④西省：即中书省。 ⑤骑省：散骑省，门下省的旧称。 ⑥白居易曾作《西省北院新构小亭，种竹开窗，东通骑省，与李常侍隔窗小饮，各题四韵》诗。

【点评】

宋代政治的一大特点是官僚权力机构之间的互相制衡、掣肘，具体表现之一就是"防嫌"，各个部门，甚至同一部门的人员，禁止在办公之余互相往来。苏轼此文描述的就是这种现象。表面的防嫌实际上造成了官员私下里彼此的不信任,加深了部门间的隔阂。

记盛度诰词①

盛度,钱氏婿,而不喜惟演②,盖邪正不相入也。惟演建言二后并配③,御史中丞范讽发其奸④,落平章事,以节度使知随州。时度几七十,为知制诰,责词云:"三星之婿,多戚里之家;百两所迎,皆权要之子。"⑤盖惟演之姑嫁刘氏,而其子娶于丁谓也。人怪度老而笔力不衰,或曰:"度作此词久矣。"元祐三年十二月二十一日讲筵,上未出,立延和殿中,时轼方论周穜擅议宗庙⑥,苏子容因道此。

【注释】

①盛度:北宋大中祥符七年(1014)进士,曾任翰林学士、兵部郎中、参知政事。《宋史》卷二百九十二有传。诰词:为皇帝所拟诰书中的语句。 ②惟演:钱惟演。吴越忠懿王钱俶第十四子,从钱俶归宋,历任右神武将军、太仆少卿、工部尚书、枢密使、崇信军节度使。《宋史》卷三百一十七有传。 ③二后并配:指钱惟演请将庄献明肃刘太后与仁宗生母庄懿太后(李宸妃)并入太庙真宗庙室。李宸妃在仁宗时才被尊为皇太后,若以皇后的身份配享真宗,有违礼法。钱惟演此举是为了讨好仁宗。 ④范讽:字补之,以荫补将作监主簿,举进士第,历官大理评事、通判淄州、知淮阳军,迁光禄卿、知潞州。《宋史》卷三百零四有传。钱

惟演倡议献、懿二太后宜祔真宗庙室，范讽弹劾之，且言其在太后时权宠甚盛，与后族联姻，请绌去，遂贬惟演随州。　⑤范讽引用《诗经》中的典故，讽刺钱惟演擅用婚姻巴结权贵。三星之媾：出自《诗经·绸缪》："绸缪束刍，三星在隅。今夕何夕，见此邂逅？"此为婚礼贺诗。戚里：帝王外戚所居之地。《史记·万石张叔列传》："于是高祖召其姊为美人，以奋为中涓，受书谒，徙其家长安中戚里。"司马贞《索隐》引颜师古曰："于上有姻戚者皆居之，故名其里为戚里。"百两所迎：出自《诗经·鹊巢》："之子于归，百两将之。"说的是迎亲之事。钱惟演好与皇室结亲：子钱暧娶郭皇后的妹妹，子钱晦娶宋太宗第九女献穆大长公主之女，孙钱景臻娶宋仁宗大长公主。钱惟演还将自己的外甥女嫁给真宗皇后刘娥之兄刘美，且又打算与庄懿太后（仁宗生母）的族人通婚。御史中丞范讽遂弹劾他擅自议论宗庙配享制度、同皇后家屡通婚姻。钱惟演因此被撤平章事，任崇信军节度使，返回河南。　⑥周穜：郓州州学教授，元祐三年（1088）曾上疏言朝廷当以王安石配享神宗皇帝，苏轼作《论周穜擅议配享自劾札子二首》以驳之。

【点评】

　　钱惟演是宋仁宗时候的权臣、奸相，苏轼作此文，记录盛度讥讽钱惟演的诰词，正逢其上奏《论周穜擅议配享自劾札子二首》，以驳斥周穜上书将王安石配享神宗的请求，言外之意是将王安石比作钱惟演了。

张平叔制词①

　　乐天行张平叔户部侍郎判度支制诰云："吾坐而决事，丞相以下不过四五，而主计之臣在焉②。"以此知唐制，主计盖坐而论事也,不知四五者悉何人？平叔议盐法至为割剥,事见退之集；今乐天制诰亦云"计能析秋毫,吏畏如夏日",其人必小人也。

【注释】

①张平叔：唐穆宗时朝臣,《新唐书》、《旧唐书》均无传,长庆年间曾建议建立食盐官卖,遭到韩愈、韦处厚等人的反对。韩愈《论变盐法事宜状》论及此事,《新唐书·韦处厚传》提到张平叔"以便佞诙谐,宣授户部侍郎。平叔以征利中穆宗意,欲希大任。以榷盐旧法,为弊年深,疏利害十八条,欲官自粜盐,可富国强兵。诏下令公卿议"。这篇制词,是白居易为穆宗所拟的委任张平叔为户部侍郎判度支（主管财政收支）的圣旨,文中提到张之前的官职是"朝议大夫守鸿胪卿兼御史大夫"。晚唐柳玼言张平叔"后以赃败穷,失官钱四十万缗,是宜以此终也"。 ②主计：汉代官名,主管国家财赋出入,此处指户部侍郎一职。

【点评】

白居易制诰词中所云"计能析秋毫,吏畏如夏日"本为唐穆宗赞赏张平叔有才干的话,但苏轼却从文辞中推断张平叔平时为人必定十分苛细。苏轼对张平叔的评价有所影射,张平叔推行食盐官卖是为了"富国强兵",王安石变法的主要目的也是增加国家财政收入、富国强兵,这篇短文可谓言在彼而意在此。

致仕

请广陵①

今年吾当请广陵,暂与子由相别。至广陵逾月,遂往南郡②,自南郡诣梓州,溯流归乡③,尽载家书而行,迤逦致仕④,筑室种果于眉,以须子由之归而老焉⑤。不知此愿遂否?言之怅然也。

【注释】

①广陵:今江苏扬州。 ②南郡:唐代为江陵郡,治今湖北荆州。 ③溯流:逆流而上。荆州在长江下游,梓州在长江上游。 ④迤逦(yǐ lǐ):曲折而行。致仕:古时官吏退休叫致仕,意为向朝廷交还官职。 ⑤须:等待。

【点评】

细绎此文,该文写于汴京,作者厌倦了政治斗争,筹划致仕后先下扬州,再往南郡,由南郡入梓州,辗转回眉州老家,对未来退休赋闲后生活的憧憬溢于言表。但文末一转,又落入了身不由己的无限惆怅之中。

买田求归

浮玉老师元公欲为吾买田京口①,要与浮玉之田相近者,此意殆不可忘。吾昔有诗云:"江山如此不归山,江神见怪惊我顽。我谢江神岂得已，有田不归如江水！"② 今有田矣不归，无乃食言于神也耶？

【注释】

①浮玉老师元公：不知所指为何人。宋人一般称高僧大德为"老师"，元公可能是一位僧人。京口：今江苏镇江。 ②所引诗句出自苏轼《游金山寺》一诗。

【点评】

昔日发誓有田不归如江水，今日有田却不归，这并非是有意亵慢神灵，实为迫不得已，此人生种种无奈之处。

贺下不贺上①

贺下不贺上，此天下通语。士人历官一任，得外无官谤，中无所愧于心，释肩而去②，如大热远行，虽未到家，得清凉馆舍，一解衣漱濯，已足乐矣。况于致仕而归，脱冠佩，访林泉，顾平生一无可恨者③，其乐岂可胜言哉！余出入文忠门最久④，故见其欲释位归田，可谓切矣。他人或苟以借口，公发于至情，如饥者之念食也，顾势有未可者耳。观与仲仪书⑤，论可退之节三，至欲以得罪、病而去。君子之欲退，其难如此，可以为进者之戒。

【注释】

①贺下不贺上：古时祝贺人致仕（退休），不祝贺升官。 ②释肩：

从肩头放下重担。 ③顾：回顾。 ④文忠：欧阳修的谥号。 ⑤仲仪：王素字仲仪，真宗朝宰相王旦之子，莘县人。仁宗时为谏官，后知定州，迁龙图阁直学士、兵部郎中、工部尚书，与欧阳修友善。欧阳修在《寄答王仲仪太尉素》一诗中也表达了告老还乡之意，诗云："平生自恃心无愧，直道诚知世不容……明年今日如寻我，颍水东西问老农。"

【点评】

贺下不贺上，可见古时做官凶险，甚者朝不保夕。虽然凶险，但亦有大利，故名利之徒仍趋之若鹜，乐此不疲。

隐逸

书杨朴事

昔年过洛,见李公简言①:"真宗既东封②,访天下隐者,得杞人杨朴③,能诗。及召对,自言不能。上问:'临行有人作诗送卿否?'朴曰:'惟臣妾有一首云:更休落魄耽杯酒,且莫猖狂爱咏诗。今日捉将官里去,这回断送老头皮④。'上大笑,放还山。"余在湖州,坐作诗追赴诏狱⑤,妻子送余出门,皆哭。无以语之,顾语妻曰:"独不能如扬子云处士妻作诗送我乎?"妻子不觉失笑,余乃出。

【注释】

①李公简:李简夫,据苏辙《李简夫少卿诗集引》说,官至太常少卿,以文学、政事闻名,与晏殊、范仲淹多有来往。有《李少卿诗》二十卷。 ②真宗既东封:指真宗封禅泰山。杨仲良《皇宋通鉴长编纪事本末》卷十七"封泰山"条载,真宗皇帝"大中祥符元年四月戊午,诏东巡取郓州临鄄路赴泰山,礼毕幸兖州,取中都路还京"。 ③杞:今河南开封杞县。 ④断送老头皮:被砍头。 ⑤苏轼在湖州为官时,被人弹劾作诗讽刺神宗皇帝而被捕,下御史台狱,这就是所谓的"乌台诗案"。

【点评】

苏轼因作诗下狱,命悬一线,生死未卜,而当出门告别之际,家人正悲痛欲绝,他却出人意料地甩出一个笑话,引得妻子发笑,从而化解了一幕他不愿意看到的悲惨场景。

白云居士

张愈,西蜀隐君子也,与予先君游,居岷山下白云溪,自号白云居士。本有经世志①,特以自重难合②,故老死草野,非槁项黄馘盗名者也③。偶至西湖静轩,见其遗句,怀仰其人,命寺僧刻之石。

【注释】

①经世志:经世致用之志。 ②自重难合:自重名节,难合于俗世。 ③槁项黄馘(xù):面黄肌瘦,形容枯槁,穷困潦倒之貌。语出《庄子·列御寇》。槁,枯槁。项,脖颈。馘,脸。

【点评】

他乡遇故知,本为人生三大幸事之一,不过苏轼所遇的"故",是真正的"故去"之故。尽管如此,苏轼在杭州偶然看到故人题壁的诗句,心中还是非常欣喜的,只是这欣喜也夹杂着对故人以及对自己父亲的怀念和感伤。

佛教

读《坛经》①

近读六祖《坛经》,指说法、报、化三身②,使人心开目明。然尚少一喻,试以眼喻:见是法身,能见是报身,所见是化身。③何谓见是法身?眼之见性,非有非无,无眼之人,不免见黑,眼枯睛亡,见性不灭,故云见是法身。何谓能见是报身?见性虽存,眼根不具,则不能见,若能安养其根,不为物障,常使光明洞彻,见性乃全,故云能见是报身。何谓所见是化身?根性既全,一弹指顷,所见千万,纵横变化,俱是妙用,故云所见是化身。此喻既立,三身愈明。如此是否?

【注释】

①《坛经》:亦称《六祖大师法宝坛经》,是禅宗六祖慧能的语录,由慧能弟子法海编集而成。 ②法、报、化三身:即法身、报身、应身三种佛身,又叫自性身、受用身、变化身。理法聚而为法身,智法聚而为报身,功德法聚而为应身。一佛具三身之功德性能。天台宗认为,毗卢遮那佛是法身佛,卢舍那佛是报身佛,释迦牟尼佛是化身(应身)佛。 ③《坛经》里偈语说:"法身报身及化身,三身本来是一身,若向性中能自见,即是成佛菩提因。"苏轼认为《坛经》对三身的讲说还有未尽之处,故以眼为喻阐发他对三身合一的理解。

【点评】

苏轼以眼为喻,把"见"喻为法身,"能见"喻为报身,"所见"喻为化身。眼睛能看到东西,这叫"见性"(见的禀赋),如同法身;无眼之人看不到东西,也就没有见性,但眼睛后来失明的,却仍然保留了从前对外界的视觉印象,这叫见性不灭,可喻为法身不灭;失明的人虽然保留有见性,可是眼睛看东西的功能毕竟丧失了,无法感知外界的形象,如果之前好好地保护眼睛这个器官,则可以使见性完整,就叫"能见",这正如报身;眼睛器官的功能以及见性都完整无缺,就能够"所见千万,纵横变化",这叫"所见",即化身。法身、报身、化身的关系如同眼睛"见"的禀赋、"能见"的实际作用与"所见"结果的关系一样,相须相即,无此则无彼,三身合一。

改《观音》咒①

《观音经》云:"咒咀诸毒药,所欲害身者,念彼观音力,还着于本人。"②东坡居士曰:"观音,慈悲者也。今人遭咒咀,念观音之力而使还着于本人,则岂观音之心哉?"今改之曰:"咒咀诸毒药,所欲害身者,念彼观音力,两家总没事。"③

【注释】

①《观音》:指《观音经》,即《妙法莲华经》第二十五《观世音菩萨普门品》,鸠摩罗什译。 ②意为恶毒诅咒别人的,观音令其诅咒之事还报于本人。咒咀:诅咒。 ③观音有慈悲之心,故苏轼将经文改为:恶

毒诅咒别人的，观音令其诅咒取消，双方都平安无事。

【点评】

　　文章虽为戏谑之作，但也不无道理。观音施法的目的在于劝善去恶，本不当教人睚眦必报，但佛教经文，往往要震慑愚恶，故作此种耸人听闻之语。

诵经帖

　　东坡食肉诵经，或云："不可诵。"坡取水漱口，或云："一碗水如何漱得！"坡云："惭愧，阇黎会得①！"

【注释】

　　①阇黎：梵语音译"阿阇黎（梨）"的省略语，意为高僧，也泛指一切僧人。会得：明了。

【点评】

　　食肉诵经，乃偶一为之，也是苏轼不拘小节之处，但当旁人诘难，他又急急慌慌表示要改过，展现了其为人的真率可爱之处。

诵《金刚经》帖①

　　蒋仲甫闻之孙景修言②："近岁有人凿山取银矿至深处，闻有人诵经声。发之，得一人，云：'吾亦取矿者，以窟坏不能出，居此不知几年。平生诵《金刚经》自随，每有饥渴之念，即若有人自腋下以饼饵遗之③。"殆此经变现也④。道家言"守一"⑤，若饥，"一"与之粮；若渴，"一"与之浆⑥。此人于经中，岂所谓得"一"者乎？

【注释】

①《金刚经》：全名《金刚般若波罗蜜经》，又称《能断金刚般若波罗蜜多经》，传入中国后有六种译本，经中包含了"般若"的重要思想。金刚，意为能破除一切妄执，如金刚一般。般若，离妄的智慧。波罗蜜，彼岸。 ②孙景修：据元代成书的《佛祖通载》卷十九记载，元丰年间为转运使，与佛教徒交往密切。 ③遗（wèi）：赠送。 ④经变：亦称变相，指佛在前世转生中经历的无数修行故事。此处指佛祖显灵。 ⑤守一：为道家养生之法，专一精思以存神。 ⑥意谓若精神专一，就能不知饥渴。

【点评】

此则记录，是苏轼辗转闻人之语，可信度不高，故苏轼也只用"殆"字来推测其真实性，又在文末以反问作为结句。

僧伽何国人①

泗洲大圣《僧伽传》云②："和尚何国人也。又世云莫知其所从来，云：'不知何国人也。'"近读《隋史·西域传》，乃有何国。余在惠州，忽被命责儋耳③。太守方子容自携告身来④，且吊余曰:"此固前定,可无恨。吾妻沈素事僧伽谨甚,一夕梦和尚告别,沈问所往,答云:'当与苏子瞻同行。后七十二日,当有命。'今适七十二日矣,岂非前定乎!"余以谓事之前定者,不待梦而知。然余何人也,而和尚辱与同行,得非夙世有少缘契乎⑤?

【注释】

①僧伽:梵语音译,意为大众或会议,佛教指出家团体,僧伽又为唐代僧人泗州大圣的法号。何国:西域昭武九姓胡之一,为唐朝的属国。《隋书》说何国都城在那密水南数里,居旧康居之地。 ②泗洲大圣:即泗州大圣,也称泗州佛,汉族民间信仰的神佛,传说是西域人,为观音的化身,唐高宗时来到长安,后去江淮一带云游,在泗州建寺。泗州,治今江苏盱眙。《僧伽传》:指赞宁《宋高僧传》中的《泗州唐普光王寺僧伽传》。 ③被命责儋耳:苏轼绍圣元年(1094)被贬惠州后,绍圣四年(1097)又被贬至儋耳(海南)任琼州别驾,移昌化军安置。 ④方子容:字南圭,莆田人,仁宗皇祐年间进士,后出知惠州,时苏轼被贬惠州,与方子容交好。告身:古代授官的凭信,宋代亦称"官告"。惠州知州方子容亲自携带苏轼的告身(即任琼州别驾的委任书)来看望苏轼。

⑤夙世:前世。缘契:交友的缘分。

【点评】

此处的"僧伽何国"一语双关。第一层含义是考证僧人泗州大圣为何国(国名)人,而不是很多人望文生义地将其理解为"何国(哪一国)"的意思;第二层含义则为惊讶太守之妻所梦见的和尚为何方(哪一国)之人,竟然准确地预言到了太守七十二日后将要与苏轼同行。

袁宏论佛说①

袁宏《汉纪》曰:"浮屠,佛也,西域天竺国有佛道焉。佛者,汉言觉也②,将以觉悟群生也。其教也,以修善慈心为主,不杀生,专务清净,其精者为沙门③。沙门,汉言息也,盖息意去欲,归于无为。又以为人死精神不灭,随复受形,生时善恶皆有报应,故贵行修善道以炼精神,以至无生,而得为佛也。"东坡居士曰:"此殆中国始知有佛时语也,虽浅近,大略具足矣。野人得鹿,正尔煮食之耳,其后卖与市人,遂入公庖中④,馔之百方⑤。然鹿之所以美,未有丝毫加于煮食时也。"

【注释】

①袁宏:字彦伯,陈郡阳夏(今河南太康)人,东晋时期的史学家,著有《后汉纪》。文中苏轼所说的《汉纪》当指《后汉纪》。　②佛的本义为觉悟者。　③沙门:梵语音译,出家人,也称"婆门"、"桑门",后专指佛教徒。沙门有止息的意思。　④庖:厨房。　⑤馔:烹制。

【点评】

东汉时,佛教已传入中国,至东晋,佛教始兴,其后经南北朝、隋、唐,发展到宋代,已是各家纷呈、宗派林立了。但从袁宏的记载来看,早在东晋时期,人们对佛教已略知其大概,虽然不如后来那么深入,但对佛教本质的把握是没有太大偏差的,故苏轼将其比喻为鹿肉初煮。逶迤至宋,佛教虽然形式上变化万端,但正似将鹿送入"公庖",虽然"馔之百方",但要论鹿肉之本味,则并不见增减多少。苏轼此文表达了虽时变世迁,却"万变不离其宗"之意。

道释

赠邵道士

耳如芭蕉,心如莲花,百节疏通,万窍玲珑①。来时一,去时八万四千②。此义出《楞严》③,世未有知之者也。元符三年九月二十一日,书赠都峤邵道士④。

【注释】

①百节疏通,万窍玲珑:身上的关节和孔窍全部打通。 ②八万四千:本出自道教,《真源》曰:"天地之间,亲乎上者为阳,自上而下四万二千里,乃曰阳位;亲乎下者为阴,自下而上四万二千里,乃曰阴位。"后来佛教也引入这个数字,有说八万四千法藏、八万四千舍利、八万四千毛孔、八万四千法门等。《僧伽吒经》说:"身有八万四千毛孔,复有八万四千户虫,在中而住。彼诸虫等,亦有死灭。"苏轼所说盖出于此。 ③《楞严》:《楞严经》,又称《首楞严经》、《大佛顶经》,全称《大佛顶如来密因修证了义诸菩萨万行首楞严经》,唐般剌蜜帝译,共十卷。该经主旨为悟本体(真如本性)、持心戒、修大定。 ④都峤:在今广西容县。

【点评】

耳大如芭蕉,能听四方,心如莲花般纯净,关节、窍孔都疏通,这是苏轼对邵道士修行境界的赞美。虽以佛经之语赞道门之士,但赠者与被赠者都并不以为唐突,反而觉得非常自然。

书李若之事

晋《方技传》有幸灵者,父母使守稻,牛食之,灵见而不驱。①牛去,乃理其残乱者②。父母怒之,灵曰:"物各欲食,牛方食,奈何驱之?"父母愈怒,曰:"即如此,何用理乱者为?"灵曰:"此稻又欲得生。"此言有理,灵固有道者耶?吕猗母足得痿痹病十余年,灵疗之,去母数步坐,瞑目寂然。有顷,曰:"扶起夫人坐。"猗曰:"夫人得疾十年,岂可仓卒令起耶?"灵曰:"且试扶起。"两人夹扶而立,少顷,去夹者,遂能行。学道养气者,至足之余,能以气与人,都下道士李若之能之,谓之"布气"。吾中子迨少赢多疾③,若之相对坐为布气,迨闻腹中如初日所照,温温也。盖若之曾遇得道异人于华岳下云。

【注释】

①幸灵守稻事,在《晋书》卷九十五《艺术传》。 ②理其残乱者:整理、扶起被牛踩踏的稻子。 ③迨:即苏迨,苏轼中子。少赢(léi)多疾:从小体弱多病。

【点评】

李若之气功治病之事,苏轼仅当作"奇闻轶事"一类记之。至于幸灵,《晋书·幸灵传》文末云:"十余年间,赖其术以济者极多。后乃娶妻,畜车马奴婢,受货赂致遗,于是其术稍衰,所疗得失相半焉。"《晋书》与本文均只陈述见闻,不过多评论,符合孔子所云"多闻阙疑"的审慎态度。

记苏佛儿语

元符三年八月,余在合浦①,有老人苏佛儿来访,年八十二,不饮酒食肉,两目烂然②,盖童子也。自言十二岁斋居修行,无妻子。有兄弟三人,皆持戒念道,长者九十二,次者九十。与论生死事,颇有所知。居州城东南六七里。佛儿(曰):"尝卖菜之东城,见老人言:'即心是佛,不在断肉。'③余言:'勿作此念,众人难感易流④。'老人大喜,曰:'如是,如是。'"

【注释】

①合浦:今属广西。 ②两目烂然:双目明亮有神。 ③心中有佛即可,不在乎是否一定遵守不吃肉的戒律。 ④众人难感易流:一般俗人难于感化,却易于放纵(故当严守戒律)。流,放纵无节制。

【点评】

普通大众难于道德自律,容易放纵自己,故不可说念佛"不在断肉",须以戒律严格约束,只有慧根深的人才能做到"即心是佛",不拘形式,收放自如。

记道人戏语

绍圣二年五月九日,都下有道人坐相国寺卖诸禁方①,缄题其一曰②：卖"赌钱不输方"。少年有博者，以千金得之。归，发视其方，曰："但止乞头③。"道人亦善鬻术矣，戏语得千金，然亦未尝欺少年也。

【注释】

①相国寺：在今河南开封，原为战国时期魏国信陵君的住宅，北齐时为建国寺，后毁。唐初慧云和尚复建寺，唐睿宗因纪念其由相王登上皇位，赐名大相国寺。禁方：秘方。 ②缄（jiān）题：封口上题字。 ③乞头：唐宋时期，赌场经营者向赌胜者抽取所赢钱的十分之一，称为乞头。洪迈《夷坚丁志·夏氏骰子》："时从胜者觅锱铢，俗谓之乞头是也。"此处乞头代指赌博事，止乞头即不赌。

【点评】

苏轼性情诙谐幽默，此道人戏语故事是后世"秘方"类笑话的滥觞。如卖"止痒方"，内写"挠挠"之类。

陆道士能诗

陆道士惟忠字子厚，眉山人，好丹药，通术数①，能诗，萧然有出尘之姿②，久客江南，无知之者。予昔在齐安③，盖相从游，因是谒子由高安④，子由大赏其诗。会吴远游之过彼⑤，遂与俱来惠州，出此诗。

【注释】

①术数：指天文、历谱、五行、占卜、形法等道术。　②萧然：潇洒悠闲之貌。　③齐安：古郡名，唐宋的齐安在黄州。当时苏轼在黄州任团练副使。　④高安：今属江西，是筠州的治所。绍圣三年（1096）陆惟忠（子厚）、吴复古来筠州谒苏辙，又往惠州谒苏轼，苏轼这一年十二月八日作《书陆道士诗》，见《苏轼文集》卷六十八。　⑤吴远游：吴复古，字子野，号远游。据苏轼《远游庵铭》："吴复古子野，吾不知其何人也……今子野行于四方十余年矣……有得于屈原之《远游》者，故以名其庵而铭之。"

【点评】

唐、宋时僧人、道士多有能诗者，主要跟当时科举考试以诗赋取士有关，其中不少僧、道本身就是举子落第后出家的。

朱氏子出家

朱氏子出家，小名照僧，少丧父，与其母尹皆愿出家。照僧师守素，乃参寥子弟子也。照僧九岁，举止如成人，诵《赤壁赋》，铿然鸾鹤声也①，不出十年，名闻四方。此参寥子之法孙②，东坡之门僧也③。

【注释】

①铿（kēng）然鸾鹤声：声音响亮，如鸾鸟（凤鸟）、仙鹤。　②参寥子之法孙：照僧之师为参寥子（道潜）弟子，故照僧为其"法孙"。

③门僧：五代以后指与大户人家做礼忏法事，平时多有来往的僧人。从文中看，照僧少小时即从苏轼学文，交往密切，故可称为苏轼之门僧。

【点评】

照僧九岁，即能背诵苏轼的《赤壁赋》，从文中看，照僧年幼时即从苏轼学文，交往密切，其师祖又是苏轼的好友，可谓三代之交了。

寿禅师放生①

钱塘寿禅师，本北郭税务专知官，每见鱼虾，辄买放生，以是破家②。后遂盗官钱为放生之用，事发坐死，领赴市矣③。吴越钱王使人视之④，若悲惧如常人，即杀之；否，则舍之。禅师淡然无异色，乃舍之。遂出家，得法眼净⑤。禅师应以市曹得度，故菩萨乃现市曹以度之。⑥学出生死法，得向死地走之一遭，抵三十年修行。⑦吾窜逐海上，去死地稍近⑧，当于此证阿罗汉果⑨。

【注释】

①寿禅师（904~975）：即永明延寿禅师，俗姓王，字仲玄（又作冲玄、冲立），号抱一子。　②寿禅师因为买鱼虾放生而导致破产。　③赴市：古时多在市场处决犯人。　④吴越钱王：五代十国时期的吴越国共有五代国君，延寿下狱事在公元932年以后，吴越开国之君钱镠死于公元932年，此处所说吴越钱王，当为第二代国君文穆王钱元瓘（在位时间932~941）。《佛祖纲目》记载："（延寿）年二十八，为华亭镇将，屡以库钱买鱼放生，事发坐死，领赴市曹。王梦老人引鱼虾数万至，云此皆税

务官所放者，愿王免其罪。王遂赦之。因放令出家。" ⑤法眼净：延寿后来为净土六祖、法眼宗三祖。 ⑥寿禅师因为在市场买鱼虾放生而得佛法，故菩萨也在市场（刑场）现身以拯救其生命。 ⑦若要看透生死，须在生死之间有所经历，对死亡有所体验，这种经历一次可抵三十年的修行。 ⑧去死地稍近：接近死亡。 ⑨证阿罗汉果：即达到阿罗汉的境界。阿罗汉，又作阿卢汉、阿罗诃等，为声闻四果之一，即得道者、圣者的意思。阿罗汉是小乘佛教的最高果位，是对断绝一切情欲、解脱一切烦恼、受人敬仰的圣者的称呼。

【点评】

本文关键之处其实在文末，当倒读之。苏轼流放途中，遭遇人生之死地，故以寿禅师出生入死，经死地而后生，抵三十年修行的故事来激励自己。

僧正兼州博士①

杜牧集有《燉煌郡僧正兼州学博士僧慧苑除临坛大德制词》，盖宣宗复河、湟时事也②。蕃僧最贵中国紫衣师号③，种世衡知青涧城④，无以使此等，辄出牒补授⑤。君子予其权，不责其专也。

【注释】

①僧正：唐宋时朝廷设置的管理僧众的官职。州博士：在州学教学的经学博士。 ②宣宗复河、湟时事：河、湟地区自安史乱后，逐渐陷于吐蕃，宣宗时，当地汉人张义潮等起兵驱逐吐蕃政权，使河、湟复归于唐

朝。　③唐代帝王崇奉道教，对道教中的上层人物往往赐以紫衣师号，以加强对道教的管理。赐紫衣也称为"赐紫"，赐师号即赐道号，如先生、大师之类。后来赐紫也实行于佛教徒中，西番崇信佛教，"蕃僧最贵中国紫衣师号"由此而来。宋司马光《涑水记闻》卷十二有"诏唃厮啰前妻赐紫衣师号及法名"，可见这类赐号的事不少。　④种世衡：字仲平，宋代名儒种放之侄，为武将，常年与西夏作战，官至东染院使、环庆路兵马铃。青涧城：在延州东北二百里，种世衡所建。　⑤牒：朝廷发给僧尼以证明其合法身份的凭证，一般由尚书省下的祠部颁发，故亦称祠部牒。此处所说的"牒"是指授以官职，种世衡在西北多用此手段笼络番汉僧众。

【点评】

类似宋将种世衡擅自授予番汉僧侣官职之类的事，属于战时灵活机变之策，君子（上级）不当予以深究。

卓契顺禅话①

苏台定慧院净人卓契顺②，不远数千里，陟岭渡海，候无恙于东坡③。东坡问："将甚么土物来④？"顺展两手。坡云："可惜许数千里空手来。"顺作荷担势⑤，信步而去。

【注释】

①卓契顺：苏州定慧寺的一名学佛者。苏轼贬居惠州，只有三子苏过跟随，长子苏迈在苏州，因为久不闻苏轼消息而十分忧愁，卓契顺宽慰苏迈说："子何忧之甚，惠州不在天上，行即到耳，当为子将书问之。"表

示自己可为苏迈送书信与苏轼，于是长途跋涉，绍圣三年（1096）三月二日抵达惠州，与苏轼相见。卓契顺得苏轼回信后即欲返回，苏轼厚谢之而不肯受，于是为其书《归去来兮辞》，并作序文以报之。事见苏轼《书归去来词赠契顺》。　②苏台：苏州姑苏台，借指苏州。净人：寺院里从事杂务的非正式僧人。　③候无恙：问候对方是否无恙。　④土物：土特产。　⑤作荷担势：作出肩挑扁担的样子。

【点评】

　　卓契顺不远千里为苏轼送来家信，"徒行露宿，僵仆瘴雾，黧面茧足"，苏轼岂能当真询问其是否带土特产与他？此文盖二人戏为禅机（宋人云"参话头"）所作。

僧文荤食名①

　　僧谓酒为般若汤②，谓鱼为水梭花③，鸡为钻篱菜，竟无所益，但自欺而已，世常笑之。人有为不义而文之以美名者，与此何异哉！

【注释】

　　①文：以文饰非，掩饰。　②般若汤：智慧汤。　③水梭花：因为鱼在水中穿梭溅起水花，故称其为水梭花。

【点评】

　　一些僧人不守戒律，为偷吃荤菜，将荤菜换个名字，以掩盖自己吃荤的事实，并减少心理上的负罪感，这纯属自欺之举。

本、秀非浮图之福

稷下之盛①，胎骊山之祸②；太学三万人③，嘘枯吹生④，亦兆党锢之冤。今吾闻本、秀二僧，皆以口耳区区奔走王公，汹汹都邑，安得而不败？殆非浮屠氏之福也。

【注释】

①稷下：齐国临淄的一个地名，后特指齐国的稷下学宫以及稷下学派。稷下学宫为齐威王养士的机构，在此处形成了以黄老思想为主的稷下学派。　②秦始皇焚书坑儒起因于博士以古非今，苏轼认为这与稷下学派的宗旨有关。胎：始因，造成。骊山之祸：指秦始皇焚书坑儒。骊山，在咸阳，为秦始皇陵墓所在。　③太学三万人：东汉末年洛阳的太学有三万学生。　④嘘枯吹生：枯了的吹气使复生，活着的吹气使枯死，比喻有的人能言善辩，好高谈阔论、评点人物。出自南朝范晔《后汉书·郑太传》："孔公绪清谈高论，嘘枯吹生。"

【点评】

东汉末年，太学生中流行清议风气，后来清议触犯了宦官阶层，造成宦官与士人矛盾的激化，最终引起政治镇压与叛乱，这就是"党锢之乱"。东汉的灭亡与此事件有不小的关系。文中的本、秀两位僧人在史书中未见记载，大概也是好言善辩之人，且与当时的王公权贵多有瓜葛。有鉴于历史教训，苏轼认为这绝非佛门之福。

付僧惠诚游吴中代书十二①

一

妙总师参寥子,予友二十余年矣,世所知独其诗文,所不知者,盖过于诗文也。②独好面折人过失③,然人知其无心,如虚舟之触物④,盖未尝有怒者。

二

径山长老维琳⑤,行峻而通,文丽而清。始,径山祖师有约,后世止以甲乙住持⑥。予谓以适事之宜而废祖师之约,当于山门选用有德,乃以琳嗣事⑦。众初有不悦其人,然终不能胜悦者之多且公也,今则大定矣。⑧

三

杭州圆照律师⑨,志行苦卓⑩,教法通洽⑪,昼夜行道二十余年矣,无一念顷有作相。自辨才归寂,道俗皆宗之⑫。

四

秀州本觉寺一长老⑬,少盖有名进士,自文字言语悟入⑭。至今以笔研作佛事,所与游皆一时文人。

五

净慈楚明长老自越州来⑮。始,有旨召小本禅师住法云寺。杭人忧之,曰:"本去,则净慈众散矣。"余乃以明嗣事⑯,众不散,加多,益千余人。

六

苏州仲殊师利和尚⑰,能文,善诗及歌词,皆操笔立成,不点窜一字。予曰:"此僧胸中无一毫发事⑱。"故与之游。

七

苏州定慧长老守钦⑲,予初不识。比至惠州,钦使侍者卓契顺来问予安否⑳,且寄十诗。予题其后曰:"此僧清逸绝俗,语有璨、忍之通㉑,而诗无岛、可之寒㉒。"予往来吴中久矣,而不识此僧,何也?

八

下天竺净慧禅师思义学行甚高㉓,综练世事。高丽非时遣僧来,予方请其事于朝,使义馆之。义日与讲佛法,词辨蜂起,夷僧莫能测。又具得其情以告,盖其才有过人者。

九

孤山思聪闻复师作诗清远如画㉔,工而雅逸可爱,放而不流,其为人称其诗。

十

祥符寺可久、垂云、清顺三阇黎㉕,皆予监郡日所与往还诗友也。清介贫甚，食仅足而衣几于不足也，然未尝有忧色。老矣，不知尚健否？

十一

法颖沙弥，参寥子之法孙也[26]，七八岁事师如成人。上元夜予作乐灭慧[27]，颖坐一夫肩上顾之。予谓曰："出家儿亦看灯耶？"颖愀然变色，若无所容，啼呼求去。自尔不复出嬉游，今六七年矣，后当嗣参寥者。

十二

予在惠州，有永嘉罗汉院僧惠诚来谓曰："明日当还浙东。"问所欲干者，予无以答之。独念吴、越多名僧，与予善者常十九，偶录此数人以授惠诚，使归见之，致予意，且谓道予居此起居饮食状，以解其念也。信笔书纸，语无伦次，又当尚有漏落者，方醉不能详也。绍圣二年东坡居士书。

【注释】

①绍圣二年（1095），苏轼在惠州，作书信与十二名平素交好的僧人，托付于当时在惠州的永嘉罗汉院僧人惠诚转交，事见后叙文。《苏轼文集》卷七十二收录此文为《惠诚》。　②世人只知参寥子诗文高明，不知其品德更高于诗文。　③面折人过失：当面指出他人的过失。　④虚舟之触物：语出《庄子·山木》："方舟而济于河，有虚船来触舟，虽有惼心之人不怒。"比喻人心胸坦荡，无心无意（因此也不会忤触他人）。　⑤长老：对退休后的方丈的称呼。维琳：杭州径山寺的长老。　⑥住持：

管理佛教寺院事务的负责人。⑦嗣事：继承法统，主持寺院。⑧住持仅管理寺院事务，并不一定继承前任方丈的衣钵。从文中看，之前径山寺祖师的遗嘱是寺院不设方丈，只常设二位住持。维琳住持径山寺后，由于德才兼备，为众人悦服，故继承前任法嗣，成为寺院新的方丈。⑨圆照：钱塘人，为佛教律师。佛教中有法师、律师、禅师，善解戒律者为律师。元祐六年（1091），苏轼在杭州任知州，应圆照律师之劝，为亡母程氏舍遗留簪珥，命工画阿弥陀佛像，作《阿弥陀佛颂》，见《苏轼文集》卷二十。⑩苦卓：艰苦卓绝。⑪通洽：通达融洽。⑫道俗：僧人与俗人。宗之：以圆照为宗师。⑬秀州：治今浙江嘉兴境内。⑭自文字言语悟入：指的是宋代禅宗流行的"参话头"法门。在宋代的禅宗公案中常见以一个字或一句话供人参禅，这称为"话头"。僧人参禅时，在公案的话头上下功夫，称为"参话头"。⑮净慈：杭州净慈寺。越州：治今浙江绍兴。⑯苏轼令楚明继承净慈寺的法统。⑰仲殊师利和尚：僧挥，字师利，俗姓张氏，名挥，北宋安州（治今湖北安陆）人。曾应进士举，后出家为僧，法号仲殊，住苏州承天寺、杭州吴山宝月寺。仲殊能诗文，但无一句及佛法、佛理，与苏轼友善，常互相唱和。崇宁中，仲殊自缢而死。⑱无一毫发事：不沾染一丝一毫尘俗之事。⑲定慧：苏州定慧寺。⑳卓契顺自苏州前往惠州看望苏轼，且为苏轼捎来其子苏迈的书信。见前文《卓契顺禅话》注释。㉑璨：僧璨，谥号鉴智，禅宗三祖，北周隋初人。忍：弘忍，禅宗五祖。僧璨与弘忍都善作偈语阐发禅意，故苏轼云其"通"。㉒岛：晚唐诗人贾岛。可：贾岛从弟，诗僧无可。贾岛、无可的诗歌风格是幽奇寒僻。㉓下天竺：杭州灵隐山分别有上、中、下天竺三寺，下天竺寺后名法镜寺。㉔思聪：钱塘人，苏轼作有《送钱塘僧思聪归孤山叙》，云其"七岁善弹琴，十二舍琴而学书，书既工，十五舍书而学诗，诗有奇语"。闻复：秦观给思聪起的字，取自

《楞严经》中文殊所语。 ㉕祥符寺：在今江苏无锡。寺庙始建于唐初，屡建屡毁，今祥符寺为二十世纪末重修。阇黎：梵语音译"阿阇黎（梨）"之省，意为高僧，也泛指僧人。 ㉖法孙：参寥子（道潜）弟子的徒弟。 ㉗灭慧：在佛教看来，作乐、观灯之类娱乐活动都是"寻自害"的行为，也即"灭慧"，出家人不当参加。苏轼故作此戏语以逗弄法颖。

【点评】

苏轼一生中曾两次在杭州居住，熙宁四年（1071）至七年（1074）任杭州通判，元祐四年（1089）至六年（1091），又在杭州任知州，在杭州前后生活了五六年的时间，与当地僧人交往密切，言谈甚欢。在神宗朝的熙宁、元丰变法中，苏轼站在反对新党的一边，被归为"元祐党"阵营。元祐八年（1093），高太后去世，新党再度执政，绍圣元年（1094）六月，苏轼被贬为宁远军节度副使，贬至广东惠州，名为贬官，实为流放。本文这十二封信，是他在惠州的第二年写的，此时恰逢在惠州停留的永嘉僧人惠诚准备返回浙东，苏轼委托惠诚为自己捎带书信，向杭州的众友人致意。但文中所列的每一封信，都一语不及自己在惠州的境况，而是将友人的品行逐一称许，娓娓道来，其在此处的苦闷与对故友的怀念之情溢于纸墨之间。

异事

王烈石髓①

王烈入山得石髓，怀之以饷嵇叔夜②。叔夜视之，则坚为石矣。当时若杵碎或错磨食之，岂不贤于云母、钟乳辈哉？然神仙要有定分，不可力求。③退之有言："我宁诘曲自世间，安能从汝巢神仙。"④如退之性气，虽出世间人亦不能容，叔夜婞直，又甚于退之也。⑤

【注释】

①王烈：魏晋时的隐士。《晋书·嵇康传》："康又遇王烈，共入山，烈尝得石髓如饴，即自服半，余半与康，皆凝而为石。"石髓：即石钟乳。古人用于服食，以为服后有奇效。　②饷：给人食物吃。嵇叔夜：嵇康，字叔夜，曹魏时期的名士。　③即使服食石髓，也不一定成仙，能否成仙，自有前定的缘分，不可强求。　④这两句诗出自韩愈的《记梦》一诗，原诗末句作"巢神山"，与苏轼所引不同，当为苏轼记忆之误。诗意为：我宁愿保留我这种俗人的"曲折"（"曲折"是反语），也不能跟您一起在山中修仙。　⑤韩愈性情耿直，易得罪人，就算出世修仙，也不会为出世（指道教）中人所容忍。婞（xìng）直：倔强。

【点评】

韩愈《记梦》诗大意为仙人邀请韩愈登山为仙，言谈间仙人对诗，韩愈性直，指出仙人作诗失误处，引起对方不悦，韩愈不由感叹神仙也有凡人护短、好虚荣的缺点："乃知仙人未贤圣，护短凭愚邀我敬。"既然成仙也不过如此，何妨仍留在人间？苏轼此文，谓人过于刚直，则不易修炼成仙。此语盖为苏轼自警。

记道人问真

道人徐问真，自言潍州人①，嗜酒狂肆，能啖生葱鲜鱼，以指为针，以土为药，治病良有验。欧阳文忠公为青州，问真来从公游，久之乃求去。闻公致仕，复来汝南，公常馆之，使伯和父兄弟为之主②。公常有足疾，状少异③，医莫能喻④。问真教公汲引气血自踵至顶，公用其言，病辄已⑤。忽一日求去甚力，公留之，不可，曰："我有罪，我与公卿游⑥，我不复留。"公使人送之，果有冠铁冠丈夫长八尺许，立道周俟之。⑦问真出城，雇村童使持药笥⑧。行数里，童告之求去。问真于髻中出小瓢如枣大，再三覆之掌中，得酒满掬者二，以饮童子，良酒也。自尔不复知其存亡，而童子径发狂，亦莫知其所终。轼过汝阴，公具言如此。其后贬黄州，而黄冈县令周孝孙暴得重膇疾⑨，轼试以问真口诀授之，七日而愈。元祐六年十一月二日，与叔弼父、季默父夜坐话其事⑩，事复有甚异者⑪，不欲尽书，然问真要为异人也⑫。

【注释】

①潍州：治今山东潍坊。　②伯和父：欧阳修长子欧阳发，字伯和。父为古时对男子的尊称。　③状少异：得病的症状与别人有些不同。　④喻：了

解。 ⑤病辄已：病就好了。 ⑥徐问真言其擅自与公卿贵人交往，触犯了刑律。 ⑦据文意，当是徐问真得罪官府，披甲武士将徐问真带走。道周：道边。俟（sì）：等待。 ⑧药笥（sì）：药筒。 ⑨膇（zhuì）疾：脚肿病。 ⑩叔弼：欧阳棐，欧阳修中子。季默：欧阳修少子。 ⑪事复有甚异者：关于徐问真，还有更为奇异的事。 ⑫要：要之，总而言之。

【点评】

从文中看，所谓"异人"徐问真，不过为一略通医术、擅长气功导引以及幻术的道士而已。

记刘梦得有诗记罗浮山①

山不甚高，而夜见日，此可异也。山有二楼，今延祥寺在南楼下②，朱明洞在冲虚观后③，云是蓬莱第七洞天。唐永乐道士侯道华以食邓天师枣仙去④，永乐有无核枣，人不可得，道华得之。余在岐下，亦得食一枚云。唐僧契虚遇人导游稚川仙府，真人问曰："汝绝三彭之仇乎⑤？"虚不能答。冲虚观后有米真人朝斗坛，近于坛上获铜龙六、铜鱼一。唐有《梦铭》，云"紫阳真人山元卿撰"。又有蔡少霞者，梦遭书牌，题云"五云阁吏蔡少霞书"。

【注释】

①刘梦得：唐人刘禹锡，字梦得。罗浮山：在今广东博罗，为罗山与浮山的合称，是佛教、道教名山。刘禹锡曾两次被贬连州任刺史，博罗为连州所辖，刘禹锡在连州时曾往罗浮山游玩。 ②延祥寺：建于罗浮山

上，原名南楼寺，天宝年间玄宗赐名延祥寺。　③朱明洞：罗浮山十八洞天之首，号称是道教第七洞天、第三十四福地。冲虚观：原为东晋道士葛洪所建四庵之一的南庵，名"都虚"，宋哲宗元祐二年（1087）改名冲虚观。由此可见苏轼此文写于元祐二年之后。　④唐代张读志怪小说《宣室志》记载："文宗时，道士邓太玄炼丹于药院中，丹成，疑转功未完，留贮院内，后人共掌之。……蒲中多大枣，天下人传岁中不过一二无核者，道华比三年辄得食之……院中人方验道华窃太玄仙药去……"侯道华因为吃枣而得白日飞升成仙。　⑤三彭：三尸虫，道教名词，道教认为凡人体内都生有三尸虫，"彭"为三尸之姓，故又称为"三彭"。《宣室志》："契虚因问榉子曰：'吾向者谒觐真君，真君问我三彭之仇，我不能对。'榉子曰：'夫彭者，三尸之姓，常居人身中，伺察功罪，每至庚申日，籍于上帝。故凡学仙者，当先绝其三尸，如是则神仙可得，不然虽苦其心无补也。'"绝三尸虫，通过修炼，使得体内不生三尸虫。

【点评】

　　这一篇游记如流水账，并无多少文采可言，而文中记载夜中见日的见闻，也很难令人相信。

记罗浮异境

　　有官吏自罗浮都虚观游长寿，中路睹见道室数十间，有道士据槛坐，见吏不起。吏大怒，使人诘之①，至则人室皆亡矣②。乃知罗浮凡圣杂处，似此等异境，平生修行人有不得见者，吏何人，乃独见之。正使一凡道士见己不起，何足怒？吏无状如此，得见此者必前缘也。③

【注释】

①诘：责问。 ②人室皆亡：人、宫室都消失不见了。 ③吏虽如此无礼，却能看到常人所不见的罗浮异境，这一定是出于前生之缘。无状：行为丑恶。前缘：前生之缘。

【点评】

罗浮幻境，为一般修行不高的人所不得见，此吏独能见之，说明他本应是道行高的人，但实际上他却又粗暴蛮横，"无状如此"，这个矛盾如何解释呢？文末说了，能见到幻境，必定是该人前世修来的福，但最终却无济于事，被他现实中的恶行给败坏了。

东坡升仙

吾昔谪黄州，曾子固居忧临川，死焉。①人有妄传吾与子固同日化去②，且云："如李长吉时事③，以上帝召他。"时先帝亦闻其语④，以问蜀人蒲宗孟，且有叹息语。今谪海南，又有传吾得道，乘小舟入海不复返者，京师皆云，儿子书来言之。今日有从黄州来者，云太守柯述言吾在儋耳一日忽失所在，独道服在耳，盖上宾也。⑤吾平生遭口语无数⑥，盖生时与韩退之相似，吾命在斗间而身宫在焉。故其诗曰："我生之辰，月宿南斗。"且曰："无善声以闻，无恶声以扬。"⑦今谤我者，或云死，或云仙，退之之言良非虚尔。

【注释】

①元丰五年（1082），曾巩遭母丧，罢职居忧，第二年，在江宁（今江苏南京）去世。苏轼云曾巩在临川去世，误。居忧：居父母之丧。　②同日化去：同一天死去。　③李长吉：中唐诗人李贺，字长吉。辛文房《唐才子传》中说李贺临终时的情景："贺疾笃，恍惚昼见人绯衣驾赤虬腾下，持一版书，若太古雷文，曰：'上帝新作白玉楼成，立召君作记。'贺叩头辞谓母老病，其人曰：'天上比人间差乐，不苦也。'居顷之，窗中勃勃烟气，闻车声甚速，遂绝。"　④先帝：指神宗。　⑤传言广州太守柯述说苏轼在海南忽然失踪，只遗留下修道的服饰，大概是成仙飞升了。上宾：指修道之人羽化成仙后飞升上天。　⑥遭口语：遭人诽谤，因口舌是非惹祸。　⑦见前文《退之平生多得谤誉》注释，韩愈《三星行》原诗作"无善声已闻，无恶声已欢"，与苏轼所引不同。

【点评】

苏轼一生命运多舛，政治上屡遭打击，多次被贬，但都是因为政见的缘故，其为人则光明磊落，并无私敌，这一点为时人所共知。因此当社会上讹传苏轼的死讯时，往往都附会成羽化成仙、上天召唤之类的故事，非但如韩愈所说的并无"恶声"，简直就是"善声"传扬了。这也是人心所向的结果。

黄仆射

虔州布衣赖仙芝言：连州有黄损仆射者，五代时人。仆射盖仕南汉官也①，未老退归，一日忽遁去，莫知其存亡。子孙画像事之，凡三十二年。复归，坐阼阶上，呼家人。其子适不在，孙出见之。索笔书壁云："一别人间岁月多，归来人事已消磨。惟有门前鉴池水，春风不改旧时波。"投笔竟去，不可留。子归，问其状貌，孙云："甚似影堂老人也。"连人相传如此。其后颇有禄仕者。

【注释】

①南汉：五代十国时据今广东、广西的地方政权，为刘䶮所建立，历经四代。后为宋朝所灭。

【点评】

苏轼文中所录各种异闻奇事，必定记载此传闻自何人听来，详情如何，等等。虽然内容往往荒诞，但也总算都有来处。

冲退处士①

章詧②，字隐之，本闽人，迁于成都数世矣。善属文，不仕，晚用太守王素荐，赐号冲退处士。一日，梦有人寄书召之者，云东岳道士书也。③明日，与李士宁游青城，濯足水中，詧谓士宁曰："脚踏西溪流去水。"士宁答曰："手持东岳寄来书。"詧大惊，不知其所自来也。④未几，詧果死。其子褑亦以逸民举⑤，仕一命乃死⑥。士宁，蓬州人也⑦，语默不常，或以为得道者，百岁乃死。常见余成都，曰："子甚贵，当策举首。"⑧已而果然。

【注释】

①冲退：谦让。晋葛洪《抱朴子·行品》："士有含弘旷济，虚己受

物，藏疾匿瑕，温恭廉洁，劳谦冲退，救危全信，寄命不疑，托孤可保。"　②章詧（chá）：博通经学，尤长《易》、《太玄》，不仕，嘉祐中，赐号冲退处士。王素当时为知州，因更其所居之乡名曰处士，里曰通儒，坊曰冲退。《宋史》卷四百五十八《隐逸》有传。　③东岳大帝主管生死，派人寄书，意为索命。　④李士宁所对的下句与章詧梦境完全相符，故章詧极为惊愕，不知此句从何而来。　⑤逸民：隐士。　⑥一命：官阶的一等。章詧子禩担任过最低一级的官职。　⑦蓬州：治今四川仪陇。　⑧嘉祐二年（1057），苏轼应礼部试，对策得第一，但因主考官欧阳修怀疑是自己的门生曾巩，故意降为第二名。

【点评】

道教信仰中，东岳大帝（泰山神）掌管着生死寿夭与幽冥之界，章詧头一天梦到东岳道士寄书召之，可解为东岳大帝派人前来索命，第二天，章詧与李士宁对诗，李的对句中又恰好有"东岳"二字，故令章詧大惊失色。其实此事不过是巧合而已。

臞仙帖①

司马相如谄事武帝②，开西南夷之隙。及病且死，犹草《封禅书》，此所谓死而不已者耶③？列仙之隐居山泽间，形容甚臞，此殆"四果"人也④。而相如鄙之，作《大人赋》，不过欲以侈言广武帝意耳⑤。夫所谓大人者，相如孺子，何足以知之！若贾生《鹏鸟赋》⑥，真大人者也。庚辰八月二十二日，东坡书。

【注释】

①臞(qú)仙：指隐居山野的列仙。臞，瘦弱。 ②司马相如：字长卿，蜀人，西汉辞赋家，擅长作大赋，代表作为《子虚赋》，后受到武帝赏识。 ③死而不已：虽死不休。 ④四果：指修行四果——须陀洹、斯陀含、阿那含、阿罗汉。苏轼用此佛教名词来形容列仙修行的境界。 ⑤侈言：夸大之言。 ⑥贾生：贾谊，汉初洛阳人，有才学。汉文帝时，召至朝廷，提为太中大夫，后遭谗黜为长沙王太傅，复为梁怀王太傅。梁怀王坠马死，贾谊深感歉疚，忧伤而死。《鵩鸟赋》为贾谊谪居长沙时所作，赋中借主人与鵩鸟的问答抒发了自己忧惧的情绪，表现了对死亡的矛盾态度。

【点评】

汉武帝反击匈奴，攻打西南夷，被历代文臣视为穷兵黩武、劳民伤财之举，而宋神宗着意经营西陲，也落得苏轼借古讽今的讥诮。

记鬼

秦太虚言①：宝应民有以嫁娶会客者②，酒半，客一人竟起出门。主人追之，客若醉甚将赴水者，主人急持之。客曰："妇人以诗招我，其辞云：'长桥直下有兰舟，破月冲烟任意游。金玉满堂何所用，争如年少去来休。'仓皇就之③，不知其为水也。"然客竟亦无他。④夜会说鬼⑤，参寥举此，聊为之记。

【注释】

①秦太虚：秦观，号太虚，宋代著名词人，也是苏轼的门人。 ②宝应：今属江苏。 ③就之：跟随她而去。 ④后来客人也并无其他异常。 ⑤夜会说鬼：夜中聚会聊天，谈到鬼神之事。

【点评】

夜会说鬼之类，乃怪力乱神之事，人之所好者，古人如此，并无不同，今人也不能免。

李氏子再生说冥间事

戊寅十一月，余在儋耳，闻城西民李氏处子病卒两日复生。余与进士何旻同往见其父，问死生状。云："初昏，若有人引去，至官府幕下。有言：'此误追。'庭下一吏云：'可且寄禁①。'又一吏云：'此无罪，当放还。'见狱在地窟中，隧而出入。系者皆儋人，僧居十六七。有一妪身皆黄毛如驴马，械而坐，处子识之，盖儋僧之室也②。曰：'吾坐用檀越钱物③，已三易毛矣④。'又一僧亦处子邻里，死已二年矣，其家方大祥⑤，有人持盘餐及钱数千，云：'付某僧。'僧得钱，分数百遗门者，乃持饭入门去，系者皆争取其饭。僧饭，所食无几。又一僧至，见者擎跪作礼⑥。僧曰：'此女可差人速送还。'送者以手擘墙壁使过，复见一河，有舟，使登之。送者以手推舟，舟跃，处子惊而寤。"是僧岂所谓地藏菩萨耶⑦？书此为世戒。

【注释】

①寄禁：暂时关押。　②僧之室：僧人的妻子。　③坐：因为。檀越：佛教指施主，施与僧众衣食或出资举行法会等的信众。　④三易毛：三次改变身上的毛发。　⑤大祥：父母丧后二周年举行的祭祀之礼。　⑥擎跪：曲身作揖而跪。　⑦地藏菩萨：名金乔觉，原为新罗王子，唐代来华求佛，发下"众生度尽，方证菩提，地狱未空，誓不成佛"的宏愿，因其"安忍不动，犹如大地；静虑深密，犹如秘藏"，所以得名。

【点评】

所谓人死后复生，实际上多为"假死"，此乃自然现象，倒无足称奇。此文有趣之处在于，作者亲自前去走访病属，认真询问病人的死亡体验，忠实记录其昏迷中所见的幻象，而不过多加以评论，表现出严谨的考证精神。

道士张易简

吾八岁入小学，以道士张易简为师。童子几百人，师独称吾与陈太初者①。太初，眉山市井人子也。余稍长，学日益，遂第进士制策，而太初乃为郡小吏。其后余谪居黄州，有眉山道士陆惟忠自蜀来，云："太初已尸解矣②。蜀人吴师道为汉州太守③，太初往客焉。正岁日，见师道求衣食钱物，且告别。持所得尽与市人贫者，反坐于戟门下④，遂卒。师道使卒舁往野外焚之⑤，卒骂曰：'何物道士⑥，使吾正旦舁死人！'太初微笑开目曰：'不复烦汝。'步自戟门至金雁桥下,趺坐而逝⑦,焚之,举城人见烟焰上眇眇焉有一陈道人也⑧。"

【注释】

①称:称赞。 ②尸解:道教中对修道之后飞升成仙的说法。 ③汉州:治今四川广汉。 ④戟门:古时帝王外出时设戟于门,故谓之戟门。此处指官署之门或城门。 ⑤舁(yú):抬。 ⑥何物道士:此为詈语(骂人话),哪里来的道士。 ⑦趺:结跏趺坐,佛教打坐之法,两腿交互,将右脚盘放于左腿上,左脚盘放于右腿上。后来道教也借鉴采用了这种坐姿。 ⑧举城:全城。

【点评】

修道之人,预感到死期将至,提前安排后事,到也合乎常理,唯最后一句乃道士陆惟忠附会之言,不可信。

辨附语①

世有附语者,多婢妾贱人,否则衰病不久当死者也。②其声音举止皆类死者,又能知人密事,然皆非也。意有奇鬼能为是耶?昔人有远行者,欲观其妻于己厚薄,取金钗藏之壁中,忘以语之。既行而病且死,以告其仆。既而不死。忽闻空中有声③,真其夫也,曰:"吾已死,以为不信,金钗在某处。"妻取得之,遂发丧。其后夫归,妻乃反以为鬼也。

【注释】

①附语：旧时迷信，说鬼神附在活人身上说话。　②传言附语的人，多为没见识的"婢妾贱人"，或衰病不久当死，所发不过昏话、胡话而已，不足以信。　③此处指妻子听闻空中有声。

【点评】

此文虽然详细记载了一条苏轼所闻的异事"附语"，但开篇早已对此类事作了判断："然皆非也。"

三老语

尝有三老人相遇，或问之年。一人曰："吾年不可记，但忆少年时与盘古有旧。"一人曰："海水变桑田时，吾辄下一筹①，尔来吾筹已满十间屋。"一人曰："吾所食蟠桃，弃其核于昆仑山下，今已与昆山齐矣。"以余观之，三子者与蜉蝣、朝菌何以异哉②？

【注释】

①下一筹：以一筹计算。筹，算筹，古人计数的工具，多用竹木为之。　②蜉蝣：一种原始有翅昆虫，寿命仅有一天。朝菌：朝生暮死的菌类植物。出自《庄子》："朝菌不知晦朔。"

【点评】

自夸长寿这种题材，在后世《笑林》一类笑话书中比较常见。《东坡志林》中记载的类似本文这样的笑话段子，很可能是苏轼本人自编的。

桃花悟道①

世人有见古德见桃花悟道者,争颂桃花,便将桃花作饭,五十年转没交涉②。正如张长史见担夫与公主争路而得草书之气③,欲学长史书,便日就担夫求之,岂可得哉?

【注释】

①桃花悟道:指唐末五代僧人灵云志勤禅师"桃花悟道"的禅宗公案。灵云志勤,福建长溪人,因见桃花而悟道,作偈语曰:"三十年来寻剑客,几回落叶又抽枝。自从一见桃花后,直至如今更不疑。" ②转:反而。没交涉:没有结果。 ③张长史:唐代书法家张旭,开元、天宝时人,曾任常熟县尉、金吾长史。张旭曾因在路上见到担夫与公主争路而领悟到草书的笔法。《新唐书·李白传》附《张旭传》记载张旭自言:"始见公主担夫争道,又闻鼓吹而得笔法意,观倡公孙舞剑器得其神。"

【点评】

桃花悟道,虽以桃花为介,实为悟者自悟。愚者听闻"桃花悟道"的典故而误以为桃花有什么神奇功效,于是以桃花做饭,巴望有一天可以由此悟道,这实在是误会中的误会了。

尔朱道士炼朱砂丹①

尔朱道士晚客于眉山,故蜀人多记其事。自言受记于师云:

"汝后遇白石浮,当飞仙去。"尔朱虽以此语人,亦莫识所谓。后去眉山,乃客于涪州②,爱其所产丹砂,虽琐细而皆矢镞状③,莹彻不杂土石,遂止炼丹。数年,竟于涪州白石仙去,乃知师所言不谬。吾闻长老道其事甚多,然不记其名字,可恨也。《本草》言④:"丹砂出符陵谷。"陶隐居云:"符陵是涪州。"⑤今无复采者。吾闻熟于涪者云:"采药者时复得之,但时方贵辰锦砂⑥,故此不甚采尔。"读《本草》偶记之也。

【注释】

①尔朱道士:尔朱洞,字通微,唐末五代间道士,人称"尔朱先生"。少时遇真人传授还元抱一之道,炼大丹不死之方,因自号"归元子"。 ②涪(fú)州:治今重庆涪陵区。 ③矢镞:箭头。 ④《本草》:又称《神农本草经》,为中医四大经典著作之一,约成书于东汉时期。 ⑤陶弘景认为,符陵即是涪州。陶隐居:陶弘景,号华阳隐居,南朝时著名的隐士、丹药家、医学家。 ⑥辰锦砂:丹砂的一种,出自辰州(治今湖南怀化)。

【点评】

虽然只是少时所闻的异事,但苏轼却认真地翻阅经典,对此进行了详细的考证,这种学风正是"宋学"的特点。

卷三

异事下

朱炎学禅

芝上人言:"近有节度判官朱炎学禅,久之,忽于《楞严经》若有所得者。问讲僧义江曰①:'此身死后,此心何住?'江云:'此身未死,此心何住?'炎良久以偈答曰:'四大不须先后觉②,六根还向用时空③。难将语默呈师也④,只在寻常语默中。'师可之。炎后竟坐化⑤,真庙时人也⑥。"

【注释】

①讲僧:讲经说法的僧人。 ②四大:也叫"四界",具体指的是地、水、火、风。佛教认为四大皆空,都为幻非真。 ③六根还向用时空:在六根发挥功能时体认其本质为空。六根,眼、耳、鼻、舌、身、意。眼是视根,耳是听根,鼻是嗅根,舌是味根,身是触根,意是念虑之根。 ④语默:言语与沉默不语。出自《周易·系辞》:"君子之道,或出或处,或默或语。" ⑤坐化:佛教用语,指僧侣端坐而辞世。 ⑥真庙:宋真宗。庙,庙号。

【点评】

朱炎问讲僧义江:"此身死后,此心何住?"义江回答说:"此身未死,此心何住?"意谓人活着的时候何必去关心死后如何?即使想要了解也无法做到。朱炎后来回偈的大意是,虽然任何时候都可以去了解人生的终极意义(四大皆空),但只有在"色"(物质世界)中,才能对"空"

义领悟得更为彻底,亦即"色即是空"。这个道理只可意会,不可言传。

按:宋代佛教的发展有佛、儒会通的特点,讲僧义江对生死的诠释不太像佛教的说法,反倒很接近于孔子所说的"未知生,焉知死"。

故南华长老重辨师逸事①

契嵩禅师常瞋②,人未尝见其笑;海月慧辨师常喜,人未尝见其怒。予在钱塘,亲见二人皆趺坐而化。嵩既荼毗③,火不能坏,益薪炽火,有终不坏者五④。海月比葬,面如生,且微笑。乃知二人以瞋喜作佛事也。⑤世人视身如金玉,不旋踵为粪土⑥,至人反是⑦。予以是知一切法以爱故坏,以舍故常在⑧,岂不然哉!予迁岭南,始识南华重辨长老,语终日,知其有道也。予自岭南还,则辨已寂久矣⑨。过南华吊其众,问塔墓所在,曰:"我师昔有寿塔南华之东数里,有不悦师者葬之别墓,既七百余日矣,今长老明公独奋不顾,发而归之寿塔。改棺易衣,举体如生,衣皆鲜芳,众乃大愧服。"东坡居士曰:"辨视身为何物,弃之尸陁林⑩,以饲乌鸢何有,安以寿塔为?明公知辨者,特欲以化服同异而已。⑪"乃以茗果奠其塔而书其事⑫,以遗其上足南华塔主可兴师⑬,时元符三年十二月十九日。

【注释】

①南华:南华寺,在今广东韶关,为禅宗六祖慧能弘扬南宗禅法之地。 ②契嵩禅师:生于北宋真宗景德四年(1007),卒于神宗熙宁五年

(1072)，广西藤县人，仁宗时居于杭州灵隐寺。契嵩主张融会儒、释，著有《镡津集》二十二卷。瞋（chēn）：发怒睁眼瞪人。　③茶毗（chá pí）：亦称荼毗（tú pí），佛教用语，梵语音译。意为焚烧。　④有终不坏者五：五次添柴加火而肉身不坏。　⑤二僧平时的瞋、喜都是成佛的修行方式。　⑥旋踵：掉转脚跟，形容时间短促。　⑦至人：得道高人，出自《庄子·逍遥游》，此处指高僧。反是：与此相反。　⑧因为不舍所以失去，因为能舍所以能存。　⑨寂：寂灭，佛教指僧尼的死亡。　⑩尸陀林：即尸陀林，葬尸场。佛教中有一种说法，劝人死后分割血肉，布施尸陀林中。　⑪明公长老之所以为重辨建塔，是要以此感化僧俗大众。　⑫茗：茶。　⑬上足：犹高足，徒弟。

【点评】

　　佛教对世界形成、变化以及最终结果的看法是"成、住、坏、空"，即所谓"四劫"。没有爱就没有成、住，也就不会有坏、空，爱是造成世界最后坏、空的根源。

冢中弃儿吸蟾气

　　富彦国在青社①，河北大饥，民争归之。有夫妇襁负一子②，未几，迫于饥困，不能皆全，弃之道左空冢中而去③。岁定归乡，过此冢，欲收其骨，则儿尚活，肥健愈于未弃时，见父母，匍匐来就。视冢中空无有，惟有一窍滑易，如蛇鼠出入，有大蟾蜍如车轮，气咻咻然，出穴中。意儿在冢中常呼吸此气，故能不食而健。自尔遂不食，年六七岁，肌肤如玉。其父抱儿来京师，以示小儿医张荆筐。张曰:"物之有气者能蛰④,燕蛇虾蟆之类是也⑤。能蛰则能不食,不食则寿,此千岁虾蟆也。决不当与药,若听其不食不娶,长必得道。"父喜,携去,今不知所在。张与余言,盖嘉祐六年也。

【注释】

①富彦国:富弼,字彦国,洛阳人,仁宗时为宰相,曾在任青州知州时赈济灾民,并把在青州实施救荒的记录题为《青社赈济录》。青社:即青州,在今山东半岛中部。古人以太社五色土随方封国,使立社,故齐有青社之称。 ②襁负:用襁褓背负小孩。 ③道左空冢:道路旁边被盗过的古墓。 ④蛰(zhé):动物伏于地下冬眠。 ⑤虾蟆:蛤蟆。

【点评】

婴孩纵能食气不死,但身在墓穴中,又如何度过寒冬?可见此事荒诞至极。若非出于其父母编造,即为张医生之诳言,二者必居其一。

石普见奴为祟①

石普好杀人,以杀为娱,未尝知暂悔也。醉中缚一奴,使其指使投之汴河,指使哀而纵之。既醒而悔,指使畏其暴,不敢以实告。居久之,普病,见奴为祟,自以必死。指使呼奴示之,祟不复出,普亦愈。

【注释】

①石普:宋太宗时名将,累迁洛苑使、富州团练使、延州缘边都巡检

使,《宋史》卷三百二十四有传。祟：指鬼怪害人。

【点评】

宋初,承唐末五代乱世积弊,武人多残暴虐民。石普好杀人之事,当有所据,而《宋史》本传失载。见奴为鬼祟,是石普心病所致。

陈昱被冥吏误追

今年三月,有书吏陈昱者暴死三日而苏,云：初见壁有孔,有人自孔掷一物,至地化为人,乃其亡姊也。携其手自孔中出,曰："冥吏追汝,使我先。"见吏在旁,昏黑如夜,极望有明处,空有桥,榜曰"会明"①。人皆用泥钱,桥极高,有行桥上者。姊曰："此生天也②。"昱行桥下,然犹有在下者,或为鸟鹊所啄。姊曰："此网捕者也。"又见一桥,曰"阳明"③,人皆用纸钱。有吏坐曹十余人④,以状及纸钱至者,吏辄刻除之,如抽贯然⑤。已而见冥官,则陈襄述古也⑥。问昱何故杀乳母,昱曰："无之。"呼乳母至,血被面⑦,抱婴儿,熟视昱曰："非此人也,乃门下吏陈周。"官遂放昱还,曰："路远,当给竹马。"又使诸曹检己籍,曹示之,年六十九,官左班殿直⑧。曰："以平生不烧香,故不甚寿。"又曰："吾辈更此一报,即不同矣。"意谓当超也⑨。昱还,道见追陈周往。既苏,周果死。

【注释】

①会明：及明,黎明。　②生天：佛教用语,谓死后转生天道、生于

天界。此处指大难不死，逃逸出来。　③阳明：阳光，光明。比会明时更近日出。　④坐曹：指官吏在衙门里办公。　⑤如抽贯然：像从一贯中抽取钱出来。贯，以绳穿钱一千文为贯。　⑥陈襄：字述古，侯官（今福建福州）人，仁宗、神宗时期名臣，与郑穆、陈烈、周希孟并称"古灵四先生"。进士及第，任浦城主簿，代理县令，明察深研，判案公道，历官枢密院直学士、提举司天监，兼尚书都省事等，著有《古灵集》。故事中陈襄被说成在地狱为冥官，与其做县令时擅长审案的名声有关。　⑦血被面：满面是血。　⑧左班殿直：宋武散官名。此处所说的是陈昱的年寿以及官运。　⑨经历此劫，其年寿与官运当超过原生死簿中所录。

【点评】

陈昱所见地狱中判案，冥吏受贿枉法，而冥官尚有主持公正者，恰如世间形态。宋以后，由于"官无封建，吏有封建"的任官制度，造成了吏强官弱，胥吏把持地方事务、公然营私舞弊、为非作歹浸以成风的现象。此条异闻是对这一社会问题的现实折射。

记异

有道士讲经茅山①，听者数百人。中讲，有自外入者，长大肥黑，大骂曰："道士奴！天正热，聚众造妖何为？"道士起谢曰："居山养徒，资用乏，不得不尔。"骂者怒少解，曰："须钱不难，何至作此！"乃取釜灶杵臼之类②，得百余斤，以少药锻之，皆为银，乃去。后数年，道士复见此人从一老道士，须发如雪，骑白驴，此人腰插一骡鞭从其后。道士遥望叩头，欲从之。此人指老道士，且摇手作惊畏状，去如飞，少顷即不见。

【注释】

①茅山：位于今江苏句容与金坛交界处，是道教名山，道教上清派的发源地，被道家称为"上清宗坛"。　②釜：锅。

【点评】

煅药为银，不过当时道教中的一种"黄白之术"罢了，所为不难，其所炼也并非真银。此文所记其实并没有什么奇异之处。

猪母佛①

眉州青神县道侧有一小佛屋，俗谓之"猪母佛"，云百年前有牝猪伏于此，化为泉，有二鲤鱼在泉中，云："盖猪龙也。"蜀人谓牝猪为母而立佛堂其上②，故以名之。泉出石上，深不及二尺，大旱不竭，而二鲤莫有见者。余一日偶见之，以告妻兄王愿，愿深疑，意余之诞也③。余亦不平其见疑，因与愿祷于泉上曰："余若不诞者，鱼当复见。"已而二鲤复出，愿大惊，再拜谢罪而去。此地应为灵异。青神文及者④，以父病求医，夜过其侧，有髽而负琴者邀至室⑤，及辞以父病，不可留，而其人苦留之，欲晓乃遣去。行未数里，见道旁有劫贼所杀人，赫然未冷也，否则及亦未免耳。泉在石佛镇南五里许，青神二十五里。

【注释】

①猪母佛：这是眉州青神县的一种地方迷信。　②牝（pìn）：雌性。

③以为我所言荒诞。　④青神文及者：青神县有名为文及的人。　⑤髽(zhuā)：用麻扎成发髻。

【点评】

　　祭祀猪母佛，按儒家正统观点来看，是一种"淫祀"，亦不合于佛教教义，而蜀人却为其立佛堂祭拜，可见蜀地信仰风气之驳杂不纯。苏轼在蜀地长大，他的思想对儒、释、道三教兼容并蓄，博采众长，这种特征的形成也与此有关。

王翊梦鹿剖桃核而得雄黄

　　黄州岐亭有王翊者，家富而好善。梦于水边见一人为人所殴伤，几死，见翊而号①，翊救之得免。明日偶至水边，见一鹿为猎人所得，已中几枪。翊发悟，以数千赎之。鹿随翊起居，未尝一步舍翊。又翊所居后有茂林果木，一日，有村妇林中见一桃，过熟而绝大，独在木杪②，乃取而食之。翊适见，大惊。妇人食已弃其核，翊取而剖之，得雄黄一块如桃仁③，及嚼而吞之，甚甘美。自是断荤肉，斋居一食，不复杀生，亦可谓异事也。

【注释】

　　①号：呼号。　②木杪(miǎo)：树梢。　③雄黄：为硫化物类矿物，可入药。

【点评】

　　文中所说三事，实在看不出其中有何联系（且最后一件事比较可疑），但若相信因果报应，自然觉得冥冥中都是天意安排了。

徐则不传晋王广道①

东海徐则隐居天台，绝粒养性②。太极真人徐君降之曰③："汝年出八十，当为王者师，然后得道。"晋王广闻其名，往召之。则谓门人曰："吾年八十来召我，徐君之言信矣。"遂诣扬州。王请受道法，辞以时日不利。后数日而死，支体如生④，道路皆见其徒步归，云："得放还山。"至旧居，取经书分遗弟子，乃去。既而丧至。予以谓徐生高世之人，义不为炀帝所污，故辞不肯传其道而死。徐君之言，盖聊以避祸，岂所谓危行言逊者耶⑤？不然，炀帝之行，鬼所唾也，而太极真人肯置之齿牙哉！⑥

【注释】

①此则内容出自《隋书·徐则传》。徐则：东海郯人。晋王广：隋炀帝杨广，在即位前为晋王。 ②绝粒养性：修炼道教辟谷之术，不食五谷。 ③降之：降临，下凡。 ④支体：肢体。 ⑤危行言逊：出自《论语·宪问》："邦有道，危言危行；邦无道，危行言孙。"国家有道的时候，要直言直行；国家无道的时候，行为仍然要正直，但言论就得谨慎（免得招祸）。危，高峻。逊，卑顺。此句指徐则为了避祸，假意说太极真人降临，预言他将为王者师之事。 ⑥隋炀帝的行为，为鬼神所唾弃。太极真人岂能称许隋炀帝为王者，并劝说徐则投奔他！

【点评】

杨广无道，也是在其称帝之后才逐渐显露的，当其为太子时，徐则何以知晓？杨广招之王府为师，徐则当然是乐意前去的。所谓太极真人降临、发出预言之类，恐怕是事后的托辞，而苏轼说他"聊以避祸"，多半也是为尊者讳罢了。

先夫人不许发藏①

昔吾先君夫人僦宅于眉②，为纱縠行③。一日，二婢子熨帛，足陷于地。视之，深数尺，有大瓮覆以乌木板，先夫人急命以土塞之。瓮有物如人咳声，凡一年乃已，人以为此有宿藏物欲出也④。夫人之侄之问者，闻之欲发焉。会吾迁居，之问遂僦此宅，掘丈余，不见瓮所在。其后某官于岐下⑤，所居大柳下，雪方尺不积；雪晴，地坟起数寸⑥。轼疑是古人藏丹药处，欲发之。亡妻崇德君曰⑦："使吾先姑在，必不发也。"轼愧而止。

【注释】

①先夫人：苏轼母亲程氏。发藏：发掘地中所藏之物。 ②僦（jiù）：租赁。 ③为纱縠（hú）行（háng）：做丝绸生意。 ④宿藏：旧藏。 ⑤岐下：岐山下，岐山属凤翔，苏轼时任凤翔府节度判官。 ⑥坟起：隆起。 ⑦崇德君：苏轼亡妻王弗，"崇德君"为其妻死后朝廷所追封。

【点评】

苏轼母亲与妻子王氏不许发藏，是相信如果发掘地中所藏之物，造成骤富骤贵，反倒会给人带来灾祸。

太白山旧封公爵①

吾昔为扶风从事②,岁大旱,问父老境内可祷者,云:"太白山至灵,自昔有祷无不应。近岁向传师少师为守③,奏封山神为济民侯,自此祷不验,亦莫测其故。"吾方思之,偶取《唐会要》看④,云:"天宝十四年,方士上言太白山金星洞有宝符灵药,遣使取之而获,诏封山神为灵应公。"吾然后知神之所以不悦者,即告太守遣使祷之,若应,当奏乞复公爵,且以瓶取水归郡。水未至,风雾相缠,旗幡飞舞,仿佛若有所见。遂大雨三日,岁大熟。吾作奏检具言其状,诏封明应公。吾复为文记之,且修其庙。祀之日,有白鼠长尺余,历酒馔上⑤,嗅而不食。父老云:"龙也。"是岁嘉祐七年。

【注释】

①太白山:位于今陕西眉县、太白县一带,为秦岭主峰。 ②苏轼时任凤翔府节度判官。 ③向传师:真宗时宰相向敏中之子,官至殿中丞。少师:官名。 ④《唐会要》:五代宋初人王溥编撰,记述了唐代各项典章制度的沿革变迁,是一部断代典制体史籍,录自唐代的实录文案。 ⑤历:经过。

【点评】

官位变小了就闹情绪,不好好工作,神灵也是如此。只是如果神灵都需要仰赖人来封官,又如何能够主宰人的祸福休否呢?

记范蜀公遗事①

李方叔言②：范蜀公将薨数日③，须发皆变苍，郁然如画也。公平生虚心养气，数尽神往而血气不衰④，故发于外耶？然范氏多四乳，固与人异，公又立德如此，其化也必不与万物同尽，盖有不可知者也。元符四年四月五日。

【注释】

①范蜀公：范镇，字景仁，华阳（今四川成都）人。生于宋真宗景德四年（1007），卒于哲宗元祐二年（1087），北宋著名的史学家，历官礼部侍郎、吏部侍郎，累赠蜀郡公。故文中称为范蜀公。　②李方叔：李廌（zhì）（1059~1109），字方叔，苏门六学士之一，隐居不仕，以文学闻名。《宋史》卷四百四十四有传。　③薨：先秦时诸侯死亡称为"薨"，唐代二品以上官员死亡也可称薨。范镇被封为蜀郡公，爵位相当于先秦时期的诸侯，故可称为薨。　④数尽：死亡。数，寿数。

【点评】

古人通常认为，相貌、身体有异常者，其德性也相应地异于常人。其实范镇长四个乳头，此为生长发育畸变所致，与德性无关。

记张憨子

黄州故县张憨子①，行止如狂人，见人辄骂云："放火贼！"稍知书，见纸辄书郑谷雪诗②。人使力作，终日不辞。时从人乞，予之钱，不受。冬夏一布褐，三十年不易，然近之不觉有垢秽气。其实如此，至于土人所言，则有甚异者，盖不可知也。

【注释】

①故县：黄州的一个镇。　②郑谷：字守愚，唐末著名诗人，僖宗时举进士，官都官郎中，人称郑都官。郑谷以《鹧鸪诗》得名，人称郑鹧鸪，诗风清新，但较为浅近。雪诗：当指郑谷《雪中偶题》："乱飘僧舍茶烟湿，密洒歌楼酒力微。江上晚来堪画处，渔人披得一蓑归。"

【点评】

憨者，愚也，痴也。张憨子好写郑谷诗，而郑谷字守愚，憨者见愚者之诗，宜乎气味相投、惺惺相惜，云胡不喜！所谓张憨子，世俗目为愚痴之人，其实乃一狂狷之士罢了。

记女仙

予顷在都下①，有传太白诗者，其略曰："朝披梦泽云。"又云："笠钓清茫茫。"此非世人语也②，盖有见太白在肆中而得此诗者③。神仙之道，真不可以意度④。绍圣元年九月，过广州，访崇道大师何德顺。有神仙降于其室，自言女仙也。赋诗立成，有超逸绝尘语。或以其托于箕帚⑤，如世所谓"紫姑神"者疑之⑥。然味其言，非紫姑所能至。人有入狱鬼、群鸟兽者托于箕帚，岂足怪哉；崇道好事喜客，多与贤士大夫为游，其必有以致之也哉⑦？

【注释】

①都下：京都。 ②非世人语：不是世间俗人手笔。 ③肆：当为酒肆，即酒馆。 ④意度：揣测。 ⑤箕帚：紫姑神所执之物。 ⑥紫姑神：见于刘敬叔《异苑》卷五："世有紫姑神。古来相传，云是人家妾，为大妇所嫉，每以秽事相次役，正月十五日感激而死。"紫姑死后为厕神，并代卜人事的吉凶。民间祭祀紫姑神，常以箕帚等物供奉。 ⑦必有招致仙女前来拜访的原因。

【点评】

民间请紫姑神的习俗，至宋代演变为"扶箕"巫术，多有人自称紫姑附体，以仙语与人对答，或作诗文。沈括《梦溪笔谈》记载："近岁迎紫姑者极多，大率多能文章歌诗，有极工者。予屡见之，多自称蓬莱谪仙，医卜无所不能，棋于国手为敌。"周密《齐东野语》说："降仙之事，人多疑为持箕者狡狯，以愚旁观，或宿构诗文，托为仙语，其实不然，不过能致鬼之能文者耳。"周密还在《癸辛杂识》中说："客有降仙者，余心疑其捧箕者自为之，因命题赋笔，且令作七言律诗，顷刻辄就。"苏轼文中所说的女仙，有人怀疑其为紫姑下凡，正因为当时盛行这种巫术。

池鱼踊起

眉州人任达为余言："少时见人家畜数百鱼深池中，沿池砖甃①，四周皆屋舍，环绕方丈间凡三十余年，日加长②。一日天晴无雷，池中忽发大声如风雨，鱼皆踊起，羊角而上③，不知所往。"

达云旧说不以神守，则为蛟龙所取，此殆是尔。④余以为蛟龙必因风雨，疑此鱼圈局三十余年，日有腾拔之念，精神不衰，久而自达，理自然尔。

【注释】

①甃（zhòu）：用砖垒砌。　②日加长：池鱼日渐长大。　③羊角：旋风。　④由于人们不将大鱼作为神灵供奉，结果（大鱼）被蛟龙取走。

【点评】

此为苏轼所记异闻。龙卷风将池鱼刮卷至空中，是正常的自然现象。文中所谓鱼"精神不衰，久而自达"固属荒谬，而说"理自然尔"，却为通达之论。

孙抃见异人①

眉之彭山进士有宋筹者，与故参知政事孙抃梦得同赴举，至华阴，大雪，天未明，过华山下。有牌堠云"毛女峰"者②，见一老姥坐堠下，鬓如雪而无寒色。时道上未有行者，不知其所从来，雪中亦无足迹。孙与宋相去数百步，宋先过之，亦怪其异，而莫之顾。孙独留连与语，有数百钱挂鞍，尽与之。既追及宋，道其事。宋悔，复还求之，已无所见。是岁，孙第三人及第③，而宋老死无成。此事蜀人多知之者。

【注释】

①孙抃：字梦得，眉州眉山人，中进士甲科，历任开封府推官、尚书

吏部郎中、右谏议大夫、权御史中丞。仁宗嘉祐五年（1060），拜参知政事。　②牌堠（hòu）：堠上的字牌。堠，古代瞭望敌情的土堡。　③孙抃以第三名进士及第。

【点评】

晚唐至宋代，各种附会于科举的奇闻异事之类的文字越来越多，此文就是一例。这反映出社会上尊尚科举的风气越来越浓厚了。

修身历

子由言："有一人死而复生，问冥官如何修身，可以免罪？答曰：'子宜置一卷历，昼日之所为，莫夜必记之①，但不记者，是不可言不可作也。无事静坐，便觉一日似两日，若能处置此生常似今日，得至七十，便是百四十岁。'人世间何药可能有此效！既无反恶，又省药钱。此方人人收得，但苦无好汤使②，多咽不下。"晁无咎言："司马温公有言③：'吾无过人者，但平生所为，未尝有不可对人言者耳。'"予亦记前辈有诗曰："怕人知事莫萌心④。"皆至言，可终身守之。

【注释】

①莫夜：暮夜。　②苦无好汤使：比喻人们虽然明知其善却不愿意去做。　③司马温公：司马光，字君实，号迂叟，陕州夏县涑水乡人，为仁宗、英宗、神宗、哲宗四朝名臣，历官翰林学士、御史中丞、门下侍郎，元丰八年（1085）拜相，元祐元年（1086）卒，赠太师、温国公。司马

光还是著名的史学家，主持完成了《资治通鉴》的编订。 ④萌心：意念萌动。

【点评】

  从私德来看，政见上大相对立的苏轼兄弟、司马光与王安石等人都可谓是谦谦君子，但政治斗争与一个人的私德如何无关，历史对一个政治人物的评价就更不取决于此了。

技术

医生

近世医官仇鼎,疗痈肿为当时第一①,鼎死,未有继者。今张君宜所能,殆不减鼎。然鼎性行不甚纯淑,世或畏之。今张君用心平和,专以救人为事,殆过于鼎远矣。元丰七年四月七日。

【注释】

①痈(yōng):中医病名。指发生在皮肉之间的急性化脓性疾病。

【点评】

医生这一职业关乎人之性命,当医术、医德并重,这一点古今所同。

论医和语①

男子之生也覆,女子之生也仰,其死于水也亦然。男子内阳而外阴,女子反是。故《易》曰"坤至柔而动也刚",《书》曰"沉潜刚克",世之达者,盖如此也。②秦医和曰:"天有六气,淫为六疾:阳淫热疾,阴淫寒疾,风淫末疾,雨淫腹疾,晦淫惑疾,明淫心疾。③夫女阳物而晦时,故淫则为内热蛊惑之疾。④"女为蛊惑,世之知者众,其为阳物而内热,虽良医未之言也。五劳七伤⑤,皆热中而蒸⑥,晦淫者不为蛊则中风,皆热之所生也。医和之语,吾当表而出之⑦。读《左氏》,书此。

【注释】

①医和:秦国的医者。《左传·昭公元年》记载,晋侯生病,秦伯使医和为晋侯治病。 ②坤(大地)之道至为柔顺,但运动起来也会变得刚健(如地震等)。意思是对外示柔,深沉不露,内蕴刚强。世上发达之人,往往有"沉潜刚克"的特点。沉潜:深沉不露。刚克:以刚强见胜。 ③"六气病源"学说,最早由医和提出。阳气过盛导致热疾,阴气过盛导致寒疾,风气过盛导致手足末梢的疾病,雨气过盛导致腹疾,晦气(夜气)过盛导致眩惑之疾,明气(昼气)过盛导致心疾。淫:过多。六疾:六种致病因素,即阳、阴、风、雨、晦(夜)、明(昼)。 ④女子外阳而内阴,又随男子,故为阳物。夜间男女交合过多,导致内热蛊惑之病。 ⑤五劳:《素问》:"久视伤血,久卧伤气,久坐伤肉,久立伤骨,久行伤筋。"《金匮要略·脏腑经络先后病脉证第一》:"五脏病各有十八,合为九十病,人又有六微,微有十八病,合为一百八病,五劳、七伤、六极、妇人三十六病,不在其中。"但未指七伤具体为何症。 ⑥热中而蒸:由热气上升而导致病症。 ⑦表而出之:出自《论语·乡党》:"当暑,袗绤绤,必表而出之。"皇侃注疏为"加上衣",文中指将秦和之语标示出来。

【点评】

中医的理论基础实际上是传统哲学,所谓医、易同源。文中所引医和论医理之语,与《周易》谈乾坤之道、《尚书》论阴阳之理相通。

记与欧公语

欧阳文忠公尝言:有患疾者,医问其得疾之由,曰:"乘船遇风,惊而得之。"医取多年舵牙为舵工手汗所渍处①,刮末,杂丹砂、茯神之流②,饮之而愈。今《本草注·别药性论》云:"止汗,用麻黄根节及故竹扇为末服之③。"文忠因言:"医以意用药多此比,初似儿戏,然或有验,殆未易致诘也。"予因谓公:"以笔墨烧灰饮学者,当治昏惰耶?推此而广之,则饮伯夷之盥水④,可以疗贪;食比干之馂余⑤,可以已佞⑥;舐樊哙之盾⑦,可以治怯;嗅西子之珥⑧,可以疗恶疾矣。"公遂大笑。元祐六年闰八月十七日,舟行入颍州界⑨,坐念二十年前见文忠公于此,偶记一时谈笑之语,聊复识之⑩。

【注释】

①舵牙:即舵杆,船工转动舵杆以控制船的航行方向。 ②茯神:中药材,为多孔菌科卧孔属植物茯苓的菌核,有渗湿、健脾、宁心等功能。 ③麻黄科植物草麻黄、中麻黄或木贼麻黄的干燥草质茎,有发汗散寒、宣肺平喘、利水消肿的功效。 ④伯夷:商末孤竹国人,孤竹国君主的长子,弟亚凭、叔齐。孤竹君以三子叔齐为继承人,叔齐让位于伯夷,伯夷以为逆父命,逃之,而叔齐亦不肯立,二人共逃之。伯夷被认为有高洁之行。 ⑤比干:商王帝乙的弟弟,帝辛(纣王)的叔叔,官少师。比干为人正直,因劝谏纣王,被剖心而死。馂(jùn):吃剩的食物。 ⑥已:止。佞:谄媚。 ⑦舐(shì):舔。樊哙:刘邦手下的猛将,吕后的妹夫。"樊哙之盾"的典故出自樊哙闯鸿门宴,《史记·项羽本纪》:"哙即带剑拥盾入军门。交戟之卫士欲止不内,樊哙侧其盾以撞,卫士仆地,哙遂入,披帷西向立,瞋目视项王,头发上指,目眦尽裂。" ⑧珥(ěr):古代的珠玉耳饰。 ⑨元祐六年(1091),苏轼因遭谗言外放,以龙图阁

学士出知颍州。　⑩识：记载。

【点评】

　　乘船遇风而惊之症，以船工手汗所渍舵牙刮末可治，此为医生信口虚诞之言。此方若果真有效，其中可能起作用的反而是辅药丹砂、茯神之类。苏轼对此也不以为然，于是故作诙谐之语，引导欧公自悟其谬。

参寥求医

　　庞安常为医，不志于利，得善书古画，喜辄不自胜。九江胡道士颇得其术，与予用药，无以酬之①，为作行草数纸而已，且告之曰："此安常故事，不可废也。"参寥子病，求医于胡，自度无钱，且不善书画，求予甚急。予戏之曰："子粲、可、皎、彻之徒②，何不下转语作两首诗乎？"庞、胡二君与吾辈游，不日"索我于枯鱼之肆"矣③。

【注释】

　　①无以酬之：无钱酬报。　②指前代的僧粲、慧可、皎然、灵彻等禅师，都为著名的诗僧。　③索我于枯鱼之肆：典出《庄子·外物》："周昨来，有中道而呼者。周顾视车辙中，有鲋鱼焉。周问之曰：'鲋鱼来！子何为者邪？'对曰：'我，东海之波臣也。君岂有斗升之水而活我哉？'周曰：'诺，我且南游吴越之王，激西江之水而迎子，可乎？'鲋鱼忿然作色曰：'……吾得斗升之水然活耳，君乃言此，曾不如早索我于枯鱼之肆！'"

【点评】

此文自嘲：若平日给自己看病、给友人看病的医生都如庞安常、胡道士这样看病不收钱，只要书画，则自己很快就会被索尽，变成枯鱼一样了。

王元龙治大风方①

王谆元龙言："钱子飞有治大风方，极验，常以施人。一日梦人自云：'天使已以此病人，君违天怒，若施不已，君当得此病，药不能愈。'子飞惧，遂不施。"仆以为天之所病，不可疗耶，则药不应服有效；药有效者，则是天不能病。当是病之祟，畏是药而假天以禁人耳。②晋侯之病，为二竖子③。李子豫赤丸④，亦先见于梦，盖有或使之者。子飞不察，为鬼所胁⑤。若余则不然，苟病者得愈，愿代受其苦⑥。家有一方，能下腹中秽恶，在黄州试之，病良已⑦。今后当常以施人。

【注释】

①大风：风痹病，半身不遂。　②病魔作祟，假借上天的名义吓唬王元龙，令其不敢用此药方给人治病。　③竖子：童仆之称，后成为对人的蔑称。《左传·成公十年》："公（晋侯）梦疾为二竖子，曰：'彼良医也，惧伤我，焉逃之？'其一曰：'居肓之上、膏之下，若我何？'"　④李子豫赤丸：传说中的打鬼药丸，出自许永梦中所得。《太平广记》引《续搜神记》："许永为豫州刺史，镇历阳。其弟得病，心腹坚痛。居一夜，忽

闻屏风后有鬼言：'何不速杀之？明日，李子豫当以赤丸打汝，汝即死矣。'及旦，遂使人迎子豫。即至，病者忽闻腹中有呻吟之声，子豫遂于巾箱中出八毒赤丸与服之。须臾，腹中雷鸣绞转。大利，所病即愈。"
⑤胁：胁迫。　⑥代：替代。　⑦病良已：病很快就好了。

【点评】

　　古之儒者，不为良相，则为良医。盖皆为救世，一大一小也。苏轼云："苟病者得愈，愿代受其苦。"古人之训，于苏轼也信乎。

延年术

　　自省事以来①，闻世所谓道人有延年之术者，如赵抱一、徐登、张元梦，皆近百岁，然竟死，与常人无异。及来黄州，闻浮光有朱元经尤异②，公卿尊师之者甚众，然卒亦病，死时中风搦搦③。但实能黄白④，有余药金皆入官⑤。不知世果无异人耶？抑有而人不见，此等举非耶？不知古所记异人虚实，无乃与此等不大相远，而好事者缘饰之耶⑥？

【注释】

　　①省事：懂事，明白事理。　②浮光：黄州地名。尤异：尤为不同。③搦搦（nuò）：手足抽搐。　④黄白：古代炼丹术的一种，通过药物的点化，变贱金属（铜、铅、锡等）为金黄色或银白色的假金银，其实为砷黄铜与砷白铜之类，又称"药金"或"药银"（即各种合金）。　⑤余药金皆入官：剩余的药金都收入官府。　⑥缘饰：以夸大之辞文饰其事。

【点评】

　　苏轼的思想杂糅儒、佛、道，比较复杂，对炼丹术也时有相信，但尚未到虚妄的地步。如此文所说，苏轼平生所识的道士，虽然长寿，毕竟最终难免一死，死状也与常人无异，有鉴于此，文中对道教延年之术是否真的有效表示了怀疑。

单骧、孙兆

　　蜀人单骧者，举进士不第，顾以医闻。其术虽本于《难经》、《素问》①，而别出新意，往往巧发奇中，然未能十全也。仁宗皇帝不豫②，诏孙兆与骧入侍，有间③，赏赉不赀④。已而大渐⑤，二子皆坐诛，赖皇太后仁圣，察其非罪，坐废数年⑥。今骧为朝官，而兆已死矣。予来黄州，邻邑人庞安常者，亦以医闻，其术大类骧，而加之以针术绝妙。然患聋，自不能愈，而愈人之病如神。此古人所以寄论于目睫也耶⑦？骧、安常皆不以贿谢为急，又颇博物，通古今，此所以过人也。元丰五年三月，予偶患左手肿，安常一针而愈，聊为记之。

【注释】

　　①《难经》：全名《黄帝八十一难经》，古代中医学著作，传说为战国时期秦越人（扁鹊）所作。《素问》：全名《黄帝内经素问》，是现存最早的中医学著作，相传为黄帝所作。　②不豫：不舒服，生病。　③有间：病情有所减轻。　④不赀（zī）：没有数量，表示极多。　⑤大渐：

病危。　⑥坐废：因罪废黜官职。　⑦目不能见睫毛，比喻距离太近反而无法感知对方，典故出自《韩非子·喻老》："智如目也，能见百步之外而不能自见其睫。"本文用以形容医生不能自治其病。

【点评】

　　本篇介绍了苏轼所知的几位名医，其中单骧、孙兆两位是御医，御医虽然俸禄丰厚，但侍君如侍虎，一旦得罪君主，就会有性命之虞。唐懿宗女儿病死，就迁怒于御医，诛杀二十余人。相比而言，单骧、孙兆还是幸运的。

僧相欧阳公①

　　欧阳文忠公尝语："少时有僧相我：'耳白于面，名满天下；唇不着齿，无事得谤。'其言颇验。"耳白于面，则众所共见；唇不着齿，余亦不敢问公，不知其何如也。

【注释】

　　①相：相面。

【点评】

　　唇不着齿，这违反常理。其实所谓"唇不着齿，无事得谤"之语，为欧阳修自嘲所发。

记真君签①

　　冲妙先生季君思聪所制观妙法象②，居士以忧患之余③，稽首洗心④,归命真寂⑤,自惟尘缘深重,恐此志未遂,敢以签卜,得吴真君第三签⑥,云:"平生常无患,见善其何乐。执心既坚固,见善勤修学。"敬再拜受教,书《庄子·养生》一篇,致自厉之意⑦,不敢废坠,真圣验之。绍圣元年八月二十一日,东坡居士南迁过虔⑧,与王嵩翁同谒祥符宫,拜九天使者堂下⑨,观之妙象,实同此言。

【注释】

①真君:道教中神仙或修养极高的人的称号。签:占卜求签。 ②冲妙:即玄妙,道教用语。观妙:观察外物。法象:自然界一切事物现象的总称。此处观妙法象可能指季思聪所制之签。 ③居士:本书中"居士"一词单独出现时,均为苏轼自称。 ④稽首:叩首。 ⑤归命真寂:道教用语,指归于本真与清静。 ⑥吴真君:吴猛,字世云,豫章分宁(今江西南昌)人,西晋时期的道士,早年以孝道闻名,后学道术修仙,为道教十二真君之一。 ⑦自厉:自我勉励。 ⑧南迁过虔:虔,虔州,治今赣州。苏轼被贬至惠州,路过虔州。 ⑨九天使者:九天使者庙,为著名道观,在江西庐山,南唐时名通玄府,宋太宗时称太平兴国观。

【点评】

绍圣元年(1094),宋哲宗亲政,改变元祐时期的太后听政政策,新党重新得势,苏轼作为元祐旧党再次被流放。他在路过虔州时求得此签,忧患之余,仍然向道教真君发誓,"致自厉之意,不敢废坠",表现了其不畏艰险、自强不息的精神。

信道智法说

东坡居士迁于海南，忧患之余，戊寅九月晦，游天庆观①，谒北极真圣②，探灵签，以决余生之祸福吉凶。其辞曰："道以信为合，法以智为先。二者不离析，寿命不得延。"览之竦然③，若有所得，书而藏之，以无忘信道法智二者不相离之意。轼恭书：古之真人未有不以信人者，子思则曰："自诚明谓之性④。"此之谓也。孟子曰："执中无权，由执一也。"⑤法而不智⑥，则天下之死法也。道不患不知，患不凝⑦；法不患不立，患不活。以信合道，则道凝；以智先法，则法活。道凝而法活，虽度世可也⑧，况延寿乎？

【注释】

①天庆观：道教宫观，在广州，建于唐代。 ②北极真圣：又称北极四圣真君、北方四元帅，即天蓬大元帅真君、天猷副元帅真君、翊圣保德储庆真君、真武灵应佑圣真君。 ③竦（sǒng）然：惊惧貌。 ④自诚明谓之性：出自《中庸》，意为从本性之诚出发，自然而然地明悟天道，这是从人的先天本性来说的。与此相对的是"自明诚谓之教"，即先明悟天道，再由此而达到本性之诚，这是从人的后天教化来说的。 ⑤该句出自《孟子·尽心上》，意为在一件事的两端之中取其中道，但固守不知变化，其效果与执着于一端是一样的。执中：执着于中道。权：称物品的秤锤。 ⑥法而不智：只知用法，但不知以智慧灵活应对。 ⑦凝：固守。 ⑧度世：超脱尘世而登仙。

【点评】

苏轼所求的签辞大意为：求道（此处指佛教、道教之道）重在起信，而行法则重在理智，二者不可兼得，意谓求道不可以理智较真，即俗语所说的"信则灵，不信则不灵"。苏轼却认为，行法在智，这没有问题，但信道也应当同样重智，要以义理令人信服。如果义理不能胜人，则信仰只能维持一时，不会长久，将信道、智法结合起来，才是真正的功德无量。

记筮卦①

戊寅十月五日，以久不得子由书，忧不去心，以《周易》筮之。遇《涣》之三爻，初六变《中孚》，其繇曰："用拯马壮吉。"②《中孚》之九二变为《益》，其繇曰："鸣鹤在阴，其子和之。我有好爵，吾与尔靡之。"③《益》之初六变为《家人》，其繇曰："益之，用凶事，无咎。有孚中行，告公用圭。"④《家人》之繇曰："《家人》利女贞。"象曰："风自火出，《家人》。君子以言有物，而行有恒也。"⑤吾考此卦极精详，口以授过⑥，又书而藏之。

【注释】

①筮：古代占卜的一种，以蓍草为之。 ②《涣》卦初六阴爻变阳爻，《涣》卦变为《中孚》卦。《涣》卦初六的爻辞为"用拯马壮吉"。意谓因救助戎马（受伤的马），得吉利。繇（zhòu）：古同"籀"，占卜的文辞。壮：通戕，伤也。 ③《中孚》卦的九二阳爻变阴爻，《中孚》变为《益》卦。其爻辞意为，雄鹤鸣于月夜，雌鹤唱和，我有美酒，

与你共享。 ④《益》卦之六三爻阴爻变阳爻,《益》卦变为《家人》卦,并不是初六爻变。此处为苏轼记忆之误。六三爻的爻辞意为,在叛乱发生前,忠诚的中行氏晋见周公,告知以圭祭祀天帝,可得无咎。凶事:灾祸,疑指周初的武庚叛乱。无咎:结果尚好。中行:中行氏,周成王的大臣。圭:玉器,祭祀所用。 ⑤"风自火出"是《家人》的卦象,离(火)下巽(风)上。"君子以言有物,而行有恒也"出自《家人》卦的象传。 ⑥过:苏过。

【点评】

　　作者许久不闻自己兄弟苏辙的音信,特意为此而占卦,得《涣》卦,有变爻,《涣》卦分别变为《中孚》等卦,苏轼从这次筮卦的卦辞中得到些许启示和安慰。

费孝先卦影①

　　至和二年,成都人有费孝先者始来眉山,云:近游青城山,访老人村,坏其一竹床。孝先谢不敏②,且欲偿其直。老人笑曰:"子视其下字云:此床以某年月日某造,至某年月日为费孝先所坏。成坏自有数,子何以偿为!"孝先知其异,乃留师事之,老人授以《易》轨革卦影之术③,前此未知有此学者。后五六年,孝先以致富。今死矣,然四方治其学者,所在而有,皆自托于孝先,真伪不可知也。聊复记之,使后人知卦影之所自也。

【注释】

　　①卦影:古代术士卜卦时绘制的图形。 ②不敏:说自己愚笨。 ③轨

革卦影之术：盛行于宋代，先算卦，轨革成卦后，画影为图，称之为"轨革卦影"。宋人著有《轨革秘宝》、《轨革指迷照胆诀》等书，《朱子语类》卷六十六曾引用《卦影》一条。

【点评】

据苏轼讲，仁宗至和年间（1054~1056）之前，未知有此学者，可知此术始兴于北宋中期。

记天心正法咒①

王君善书符，行天心正法，为里人疗疾驱邪。仆尝传此咒法，当以传王君。其辞曰："汝是已死我，我是未死汝。汝若不吾祟②，吾亦不汝苦③。"

【注释】

①天心正法：道教雷法的一种，由此法而发展出道门天心正法派。②不吾祟：不作祟于我。 ③不汝苦：不使你受苦，指不用咒法折磨鬼祟。

【点评】

此文记载了天心正法的咒语。

辨五星聚东井①

天上失星，崔浩乃云："当出东井。"②已而果然，所谓"亿则屡中"者耶③？汉十月，五星聚东井，金、水尝附日不远④；而十月，日在箕、尾⑤，此浩所以疑其妄⑥。以余度之，十月为正，盖十月乃今之八月尔。⑦八月而得七月节，则日犹在翼、轸间⑧，则金、水聚于井亦不甚远。方是时，沛公未得天下，甘、石何意诣之⑨？浩之说，未足信也。

【注释】

①五星聚东井：秦末刘邦率军入关时候发生的天象。《汉书·天文志》："汉元年十月，五星聚于东井，以历推之，从岁星也。此高皇帝受命之符也。故客谓张耳曰：'东井秦地，汉王入秦，五星从岁星聚，当以义取天下。'"东井，即井宿，二十八宿之一。因在玉井之东，故称东井。《礼记·月令》："仲夏之月，日在东井。"《北史·周本纪》："六月甲戌，有星孛于东井。" ②《魏书·崔浩传》："初，姚兴死之前岁也，太史奏：荧惑在匏瓜星中，一夜忽然亡失，不知所在。或谓下入危亡之国，将为童谣妖言，而后行其灾祸。太宗闻之，大惊，乃召诸硕儒十数人，令与史官求其所诣。浩对曰：'案《春秋左氏传》说神降于莘，其至之日，各以其物祭也。请以日辰推之，庚午之夕，辛未之朝，天有阴云，荧惑之亡，当在此二日之内。庚之与未，皆主于秦，辛为西夷。今姚兴据咸阳，是荧惑入秦矣。'……后八十余日，荧惑果出于东井，留守盘游，秦中大旱赤地，昆明池水竭，童谣讹言，国内喧扰。"崔浩：字伯渊，清河郡东武城人，出身名门士族，北魏太武帝时任司徒监，后因修国史得罪，被杀。 ③亿则屡中：料事总是能与实际相符。出自《论语·先进》："赐不受命，而货殖焉，亿则屡中。"亿，通"臆"。中，正中。 ④金、水：金星，水星。 ⑤箕、尾：箕宿，尾宿。 ⑥此浩所以疑其妄：《魏书·崔浩传》记载，崔浩对汉代的历法、天文纪录多有怀疑之

语，并准备另造新的历法："汉高祖以来，世人妄造历术者有十余家，皆不得天道之正，大误四千，小误甚多，不可言尽。臣愍其如此。今遭陛下太平之世，除伪从真，宜改误历，以从天道。"　⑦秦始皇统一六国后，以十月初一日为元旦，汉武帝太初元年，又以正月初一为元旦。刘邦入关时用秦历，汉十月相当于后世的八月。　⑧翼、轸：二十八星宿中的翼宿和轸宿，古为楚之分野。　⑨甘、石：战国时两位著名的天文学家齐人甘公与魏人石申的并称。后人把两人留下的著作合为一部，称为《甘石星经》。

【点评】

苏轼认为，甘公与石申是战国时人，不会预知秦末刘邦入关而编造星象谄媚刘邦，因此《甘石星经》不存在造假的可能。而崔浩不信汉代的天文纪录，是因为他把汉武帝以后的历法与秦时的历法混为一谈了。

四民

论贫士

俗传书生入官库,见钱不识。或怪而问之,生曰:"固知其为钱,但怪其不在纸裹中耳①。"予偶读渊明《归去来词》云:"幼稚盈室,瓶无储粟②。"乃知俗传信而有征。使瓶有储粟,亦甚微矣,此翁平生只于瓶中见粟也耶?《马后纪》:夫人见大练以为异物③,晋惠帝问饥民何不食肉糜④,细思之皆一理也,聊为好事者一笑。永叔常言:"孟郊诗:'鬓边虽有丝,不堪织寒衣。'⑤纵使堪织,能得多少?"

【注释】

①书生家贫,平时所见钱都以纸裹,故不识官库中堆积之钱。 ②瓶无储粟:平时用瓶储藏粮食,已见其贫,更何况还有瓶中无粟之时。 ③大练:粗厚的丝织物。《后汉书·明德马后纪》记载,后汉明帝之马皇后性节俭,"常衣大练,裙不加缘。朔望诸姬主朝请,望见后袍衣疏粗,反以为绮縠,就视,乃笑"。 ④晋惠帝性痴,时天下大饥,百姓没有粮食吃,很多饿死,晋惠帝听到大臣奏报后感到很奇怪,问大臣说:"百姓无粟米充饥,何不食肉糜?"出自《晋书·惠帝纪》。 ⑤这两句诗出自贾岛的《客喜》,欧阳修说是孟郊诗,记忆有误。

【点评】

"四民",谓士农工商。古时笔记一类,大多只为士林、官宦立传,如《世说新语》、《唐语林》等，很少注意平民百姓的言行。《东坡志林》则记载了大量民间的奇人异事，且专立"四民"的条目，迥异乎传统题材。

梁贾说①

梁民有贾于南者，七年而后返。茹杏实海藻②，呼吸山川之秀，饮泉之香，食土之洁，泠泠风气，如在其左右，朔易弦化③，磨去风瘤④，望之蜎蜎然⑤，盖项领也⑥。倦游以归，顾视形影，日有德色⑦，徜徉旧都，踌躇顾乎四邻，意都之人与邻之人，十九莫己若也⑧。入其闺，登其堂，视其妻，反惊以走："是何怪耶？"妻劳之⑨，则曰："何关于汝！"馈之浆，则愤不饮；举案而饲之，则愤不食；与之语，则向墙而欷歔⑩；披巾栉而视之，则唾而不顾。谓其妻曰："若何足以当我？亟去之⑪！"妻俯而怍⑫，仰而叹曰："闻之：居富贵者不易糟糠⑬，有姬姜者不弃憔悴⑭。子以无瘿归⑮，我以有瘿逐。呜呼，瘿邪！非妾妇之罪也！"妻竟出。于是贾归家三年，乡之人憎其行，不与婚。而土地风气，蒸变其毛脉⑯，啜菽饮水⑰，动摇其肌肤，前之丑稍稍复故。于是还其室，敬相待如初。君子谓是行也，知贾之薄于礼义多矣。居士曰：贫易主，贵易交，不常其所守，兹名教之罪人，而不知学术者，蹈而不知耻也⑱。交战乎利害之场，而相胜于是非之境，往往以忠臣为敌国，孝子为格房，前后纷纭，何独梁贾哉！

【注释】

①梁贾：梁地的商人。梁，今河南开封一带古称为梁，另，古九州中也有梁州，在今四川。依据后文"旧都"句，梁指开封。　②茹：吃。杏实：杏仁。　③朔易：岁月更换。《书·尧典》："平在朔易。"弦化：不知出自何处。　④风瘤：甲状腺结节。⑤蟪蛴：天牛的幼虫。《诗经·硕人》云"领如蟪蛴"，即脖颈如蟪蛴那样白而细长。　⑥项领：脖颈。　⑦德色：得意自满之色。　⑧十九莫己若：十分之九不如己。　⑨劳：慰劳。　⑩欷歔：哭泣。　⑪亟：迅速，急迫。　⑫怍：惭愧。　⑬糟糠：古人对外称呼自己妻子的用语。　⑭姬姜：先秦时，姬为周姓，姜为齐姓，是女子身份高贵的象征。憔悴：对妻子的卑称。　⑮瘿：即前所谓"风瘤"，民间称"大脖子病"。从文中看，梁贾的妻子也患风瘤。　⑯毛脉：毛发血脉。　⑰啜菽：吃豆。　⑱蹈：做这样的事。

【点评】

食用海藻，对治疗甲亢有效，见于东晋葛洪的《肘后备急方》。杏仁治疗甲亢，则未见医书记载。此条记录，说明宋人对甲状腺疾病已有清晰的认识，也掌握了一些有效的治疗方法，可作为古代医学史的研究资料。

梁工说①

梁工治丹灶有日矣②。或有自三峰来③，持淮南王书④，欲授枕中奇秘、坎离生养之法⑤，阴阳九六之数⑥，子女南北之位，或黄或白⑦，生生而不穷⑧，以是强兵⑨，以是绪余以博施济众⑩。而其始也,密室为场,空地为炉,外烬山木之上煮天一⑪,坏父鼎母⑫,养以《既济》⑬,风火缊缊⑭,而瓦砾化生。方士未毕其说,工悦之,然以为尽之矣。退试其术,逾月破灶,而黄金已芽矣。于是谢方士⑮,方士曰:"子得予之方,未得究其良,知其一不知其二。余弗邀利于子⑯,后日不成,不以相仇,则子之惠也。"工重谢之曰:"若之术殚于是矣,予固知之矣,岂若愚我者哉!"⑰遂歌《骊驹》以遣送之⑱。束书在于腰,长揖而去。工日治其诀,更增益剂量,其贪婪无厌。童东山之木⑲,汲西江之水,夜火属月魄,昼火属日光,操之弥勤,而其术愈疏,为之不已。而其费滋甚,牛马销于铅汞⑳,室庐尽于钳锤,券土田,质妻子,萧条褴褛,而其效不进。至老以死,终不悟。君子曰:术之不慎,学之不至者然也,非师之罪也。居士曰:圬墙画墁㉑,天下之贱工,而莫不有师。问之不下,思之不熟,与无师同。其师之不至,圬墙画墁之不若也。不至,则欺其中,亦以欺其外。欺其中者己穷,欺外者人穷。如梁工盖自穷,亦安能穷人哉!

【注释】

①梁工:梁地的工匠。 ②丹灶:道教徒烧制丹药的炉灶。 ③三峰:指三茅山之大茅、中茅、小茅三山峰。 ④淮南王书:指《淮南子》,又名《淮南鸿烈》,为西汉淮南王刘安所编,是道家的经典著作。 ⑤枕中奇秘:道教男女房中之术。坎离生养之法:坎为水,离为火,指炼丹术。 ⑥阴阳九六之数:指《周易》占卦。《周易》中,阴数为六、八,阳数为七、九。

⑦或黄或白:指道教的炼金炼银术(实为炼制外观类似金银的合金)。 ⑧生生:指房中术利于子嗣的功效。 ⑨强兵:指黄白术的功效。后文

"博施济众"同此。 ⑩绪余：指养生术的长寿功效。 ⑪天一：指水。郑玄《易经注》云："天一生水。" ⑫坯（pī）父鼎母：以土坯为炉灶，以金属为丹鼎炼丹。坯，同"坯"，土坯。 ⑬《既济》：《既济》卦象为下离上坎，即水在火上，正是炼丹之象。 ⑭绹：风烟弥漫。 ⑮谢：告辞。 ⑯邀利：谋求私利。 ⑰这句话大意是：你的本领也就如此了，我已学会了，你说这话难道想欺骗我吗！ ⑱《骊驹》：歌名，古时送客所唱。《汉书·王式传》："谓歌吹诸生曰：'歌《骊驹》。'"颜师古注："服虔曰：'逸诗篇名也，见《大戴礼》，客欲去，歌之。'" ⑲童东山之木：砍光山上的树。童，秃。 ⑳铅汞：炼丹的主要原料。 ㉑圬（wū）墙画墁（màn）：亦作"圬镘"，涂饰墙壁，粉刷。

【点评】

　　事后来看，方士对梁工所说"子得予之方，未得究其良，知其一不知其二"，"后日不成，不以相仇"是为己开脱之辞，你自己没学到家，将来出了什么问题，不要来找我，这是方士提前想好退路的万全之计。实际上，这个故事启发我们的不是什么"非师之罪"，而是这样一个教训：如果根本的理论就是错的，那么不管在实践中如何努力，也不会取得任何好的结果。

女妾

贾氏五不可①

晋武帝欲为太子娶妇②,卫瓘曰③:"贾氏有五不可:青、黑、短、妒而无子。"竟为群臣所誉,娶之,竟以亡晋。妇人黑白美恶,人人知之,而爱其子,欲为娶妇,且使多子者,人人同也。然至其惑于众口,则颠倒错缪如此。俚语曰:"证龟成鳖④。"此未足怪也。'以此观之,当云"证龟成蛇"⑤。小人之移人也,使龟蛇易位,而况邪正之在其心,利害之在岁月后者耶!

【注释】

①贾氏:晋惠帝的皇后贾南风,是开国元老贾充之女。 ②晋武帝:司马炎,晋朝的开国皇帝。太子:晋惠帝。 ③卫瓘(guàn):字伯玉,河东安邑人,三国时曹魏将领,魏晋时期名臣、书法家。历任青州、幽州刺史,尚书令,侍中,又升任司空,领太子少傅。后为贾后所杀。 ④证龟成鳖:把乌龟说成鳖,比喻颠倒是非。 ⑤证龟成蛇:比"证龟成鳖"更为荒谬。

【点评】

晋惠帝的皇后贾南风,《晋书》说她"妒忌多权诈",贾氏先联合楚王玮除掉汝南王亮及卫瓘,又杀死楚王玮,史称"贾后乱政"。据《晋书·后妃传》,"贾氏五不可"之说,为晋武帝所言,并非卫瓘之语,此处苏轼记忆有误。

贾婆婆荐昌朝①

温成皇后乳母贾氏②,宫中谓之贾婆婆。贾昌朝连结之,谓之姑姑。台谏论其奸③,吴春卿欲得其实而不可④。近侍有进对者曰:"近日台谏言事,虚实相半,如贾姑姑事,岂有是哉!"上默然久之,曰:"贾氏实曾荐昌朝。"非吾仁宗盛德,岂肯以实语臣下耶!

【注释】

①昌朝:贾昌朝,字子明,真定获鹿(今属河北)人,仁宗时为宰相。 ②温成皇后:宋仁宗宠妃张氏,死后追赠温成皇后。 ③台谏:台官、谏官。台官指御史大夫、御史中丞、侍御史、殿中侍御史、监察御史,主要职责是监督官吏;谏官指谏议大夫、拾遗、补阙、司谏、正言,主要职责是讽谏君主。自宋代开始,台谏有合一的趋势,谏官也拥有对百官的监察权。宋代台谏,为御史台、监司、谏官连称。 ④吴春卿:吴育字春卿,建州浦城(今属福建)人,历任大理寺丞,拜右谏议大夫、枢密副使、参知政事。

【点评】

虽然宋仁宗对宰相与宫中有裙带关系并不否认,但百官对此事毕竟无可奈何,御史、谏官的弹劾也并无用处,反而让仁宗留下了对臣下"宽厚"、"盛德"的名声。

石崇家婢①

王敦至石崇家如厕,脱故着新,意色不怍。②厕中婢曰:"此客必能作贼也。"此婢能知人,而崇乃令执事厕中,殆是无所知也。

【注释】

①石崇:字季伦,小名齐奴,渤海南皮人,西晋时任徐州刺史、卫尉等职,以富有、奢侈闻名。 ②王敦在石崇家如厕时更衣,对石崇厕所中服侍的婢女面无惭色。王敦:字处仲,琅邪临沂人,与王导一同协助司马睿建立东晋政权,后发动政变,意图篡权。

【点评】

史家留意王敦日常生活中的小节,是为描写其将来的谋反埋下伏笔,而苏轼却从中看出了"石崇不会用人",可见其读史眼光独到,与众不同。

贼盗

盗不劫幸秀才酒

幸思顺,金陵老儒也。皇祐中①,沽酒江州②,人无贤愚,皆喜之。时劫江贼方炽,有一官人舣舟酒垆下③,偶与思顺往来相善,思顺以酒十壶饷之。已而被劫于蕲、黄间④,群盗饮此酒,惊曰:"此幸秀才酒邪?"官人识其意,即绐曰⑤:"仆与幸秀才亲旧。"贼相顾叹曰:"吾侪何为劫幸老所亲哉⑥!"敛所劫还之,且戒曰:"见幸慎勿言。"思顺年七十二,日行二百里,盛夏曝日中不渴,盖尝啖物而不饮水云。

【注释】

①皇祐:宋仁宗的年号。 ②沽酒:卖酒。江州:治今江西九江。③舣(yǐ)舟:整舟向岸。 ④蕲、黄:蕲州、黄州。 ⑤绐(dài):欺骗。 ⑥吾侪(chóu):吾辈。

【点评】

幸秀才多行仁义,在其感召之下,强盗不劫其财,这就是庄子所说的"盗亦有道"了。

梁上君子

近日颇多贼,两夜皆来入吾室。吾近护魏王葬①,得数千缗②,

略已散去，此梁上君子当是不知耳。

【注释】

①魏王：北宋时期，宗室前后有两个魏王，一为赵廷美（947~984），一为赵頵（1056~1088）。苏轼所说魏王为赵頵。 ②缗（mín）：古代穿钱用的绳子，代指一贯钱。

【点评】

此梁上君子知苏轼近日得数千缗，而不知其已散尽，此所谓只知其一未知其二。

夷狄

曹玮语王鬷元昊为中国患①

天圣中,曹玮以节镇定州。王鬷为三司副使②,疏决河北囚徒,至定州。玮谓鬷曰:"君相甚贵,当为枢密使。然吾昔为秦州,闻德明岁使人以羊马货易于边③,课所获多少为赏罚④。时将以此杀人,其子元昊年十三,谏曰:'吾本以羊马为国,今反以资中原⑤,所得皆茶彩轻浮之物,适足以骄惰吾民,今又欲以此戮人。茶彩日增,羊马日减,吾国其削乎!'乃止不戮。吾闻而异之,使人图其形,信奇伟⑥。若德明死,此子必为中国患,其当君之为枢密时乎?盍自今学兵讲边事?"鬷虽受教,盖亦未必信也。其后鬷与张观、陈执中在枢府⑦,元昊反,杨义上书论土兵事,上问三人,皆不知,遂皆罢之。鬷之孙为子由婿,故知之。

【注释】

①曹玮:字宝臣,真定灵寿人,北宋真宗、仁宗时名将,长期与西夏、吐蕃作战,官终彰武节度使,封武威郡开国公。王鬷:字总之,赵州临城人,举进士,累迁太常博士、提点梓州路刑狱、权三司户部判官、参知政事,后迁尚书工部侍郎、知枢密院事。元昊反,仁宗数问王鬷边事,不能对,帝怒,出鬷知河南府。元昊:别名曩霄,西夏开国之主,李德明之子,1038年称帝,国号大夏,仿宋朝建立官制,创造西夏文字,开拓疆土,与宋朝征战多年,后去帝号,对宋称臣,1048年,元昊为其子所

弑。　②三司：后唐长兴元年（930），始设三司（盐铁、户部、度支）使，总管国家财政。宋初沿旧制，以三司总理财政。三司使为最高的财政长官。　③德明：李德明，小字阿移，李继迁长子，李元昊的父亲。李德明同时接受宋、辽对其封王，在他统治期间，奠定了西夏崛起的基础。④课：考核。　⑤资：资助。　⑥信：确实。奇伟：形貌雄壮，异于常人。　⑦张观：绛州绛县人，字思正，宋真宗大中祥符七年（1014）甲寅科状元，授将作监丞、通判解州。仁宗即位，迁太常丞，为三司度支判官、知制诰，累迁左司郎中，以给事中权御史中丞，拜同知枢密院事。元昊反，张观因与陈执中等议点多兵，久而不决，被罢以资政殿学士、尚书礼部侍郎知相州。陈执中：字昭誉，洪州南昌人，真宗时以父荫为秘书省正字，累迁卫尉寺丞，知梧州。后历知江宁府、扬州、永兴军。仁宗宝元元年（1038），同知枢密院事。庆历五年（1045），同平章事兼枢密使。皇祐元年（1049）罢职，出知陈州。

【点评】

　　此文所记，苏轼文中注明亲由苏辙处听来，王皞之孙为苏辙的女婿，故此文可信度很高。《宋史·王皞传》也收入此事，可能亦从《东坡志林》中撷取而来。

高丽

　　昨日见泗倅陈敦固道言①："胡孙作人状②，折旋俯仰中度，细观之，其相侮慢也甚矣③。人言'弄胡孙'，不知为胡孙所弄！"其言颇有理，故为记之。又见淮东提举黄实言④："见奉使高丽人言：

'所致赠作有假金银锭,夷人皆坏坏,使露胎素,使者甚不乐。'夷云:'非敢慢也,恐北虏有觇者以为真尔。'"⑤由此观之,高丽所得吾赐物,北虏盖分之矣。而或者不察,谓北虏不知高丽朝我,或以为异时可使牵制北虏,岂不误哉!今日又见三佛齐朝贡者过泗州⑥,官吏妓乐,纷然郊外,而椎髻兽面⑦,睢盱船中⑧。遂记胡孙弄人语良有理,故并记之。

【注释】

①泗倅(cuì):泗州副知州。泗州辖今安徽泗县、江苏泗洪一带。倅,副职。 ②胡孙:也写作猢狲,猴子。 ③相侮慢:猴子模仿人的动作,其实是对人的轻视与傲慢。 ④淮东:宋代淮南东路的简称,包括扬、楚、海、泰、泗、滁、真、通八州。提举:宋代设主管专门事务的职官。 ⑤高丽人赠送宋使礼物,又担心辽人误会,就故意将礼品的涂金镀银处坏坏,使得里面的素胎露出,以示不是真金真银。假金银锭:高丽赠送给使者的礼物,有涂金镀银的器具。夷人:指高丽人。北虏:指辽国人。觇(chān):偷望。 ⑥三佛齐:又名室利佛逝、佛逝、旧港,马来半岛、大巽他群岛上的一个古代王国。 ⑦椎髻兽面:形容三佛齐人的面貌。椎髻,一撮之髻,其形如椎。兽面,面上刺青,古代东南亚地区人民有文身、刺面的习俗。 ⑧睢盱(huī xū):仰头睁眼张望。

【点评】

高丽小国,在宋、辽之间周旋,曾对二国同时称臣。宋仁宗时期,高丽迫于辽国压力,对宋断绝朝贡关系达四十余年,至神宗熙宁四年(1071)两国才又复交。苏轼的外交思想比较保守,他对宋与高丽的交往持反对态度,其理由有三:一、高丽是辽的盟国,故不可信任;二、与高丽复交，使宋朝的商人得以借此勾结辽国；三、与高丽复交，易招致辽国生事。苏轼从黄实所举宋使在高丽的见闻判断，一方面，高丽与宋的关系，实际上完全处于辽人的监督之下，无丝毫秘密可言；另一方面，宋朝赐予高丽的物品，其实很大一部分都被辽国拿走了，这等于资敌。苏轼认为宋与高丽保持这样的朝贡关系是毫无意义的。

高丽公案①

元祐五年二月十七日②，见王伯虎炳之言③："昔为枢密院礼房检详文字，见高丽公案。始因张诚一使契丹，于虏帐中见高丽人，私语本国主向慕中国之意，归而奏之，先帝始有招徕之意④。枢密使吕公弼因而迎合⑤，亲书札子乞招致⑥，遂命发运使崔极遣商人招之。"天下知非极⑦，而不知罪公弼。如诚一，盖不足道也。⑧

【注释】

①此高丽公案，为朝廷处理高丽事务的卷宗。公案：公府案牍文卷。②元祐五年：稗海本作元祐二年。 ③王伯虎：字炳之，福建人，嘉祐四年（1059）举进士，任建州司理、户部郎中。 ④先帝：据后文，指宋神宗。 ⑤吕公弼：字宝臣，寿州（治今安徽凤台）人，宋仁宗时名相吕夷简次子，仁宗明道二年（1033）赐进士出身，同判太府寺将作监，迁直史馆。后为河北转运使，权知开封府。英宗即位，加给事中。官至枢密使。按：该条涵芬楼本为"李公弼"，但查阅史料，李公弼未曾任枢密使，当为"吕公弼"之误。 ⑥札（zhá）子：官府中用来上奏、启事的

一种文书。　⑦非极：非议崔极。　⑧张诚一出使契丹与高丽使者交谈一事，本不值得向神宗上奏。

【点评】

英宗时期，宋朝开始有意招徕高丽，实行"联丽制辽"，至神宗熙宁年，两国复交。苏轼在当时的朝臣中，对宋朝与高丽复交一事最为反对，曾先后写过奏文七篇，分别是：《论高丽进奉状》、《论高丽进奉第二状》、《乞令高丽僧从泉办归国状》、《乞禁商旅过外国状》、《论高丽买书利害札子三首》等。在这篇杂记中，苏轼对主张与高丽复交的吕公弼都不放过，要追究其罪。《石林诗话》说两国恢复关系在先，张诚一向神宗禀奏高丽国主向慕中国在后，对此事的记载与本文不同。

卷四

古迹

铁墓、厄台

余旧过陈州①,留七十余日,近城可游观者无不至。柳湖旁有丘,俗谓之"铁墓",云陈胡公墓也②,城濠水注啮其址③,见有铁锢之。又有寺曰"厄台"④,云孔子厄于陈、蔡所居者,其说荒唐,在不可信。或曰东汉陈愍王宠"散弩台"⑤,以控黄巾者,此说为近之。

【注释】

①陈州:治今河南淮阳,古为陈国,秦时设陈郡,唐时为陈州。 ②陈胡公:名满,亦称胡公满、虞胡公,字少汤,虞舜之后,受封于周武王,陈国第一任君主。 ③啮:咬,此处指水流侵蚀。 ④厄:困厄。孔子出游列国时曾在陈国、蔡国一带绝粮受困。 ⑤陈愍王宠:陈愍王刘宠,汉明帝刘庄玄孙,陈孝王刘承之子,属国在陈郡。刘宠善使弩,曾带兵镇压黄巾军,后为袁术所杀。

【点评】

古时的高台遗迹,多为城址、壁垒之类的建筑,孔子与弟子周游列国,困于陈、蔡,不可能据城、垒而居,故苏轼认为厄台是孔子绝粮处的传说荒谬,而另一种说法是此地本为东汉末年刘宠防备黄巾军所筑的高台,听起来倒是更合乎情理。

黄州隋永安郡①

昨日读《隋书·地理志》,黄州乃永安郡。今黄州东十五里许有永安城,而俗谓之"女王城",其说甚鄙野。而《图经》以为春申君故城②,亦非是。春申君所都,乃故吴国,今无锡惠山上有春申庙③,庶几是乎?

【注释】

①永安郡:南北朝时,北魏、南朝梁都设置过永安郡,苏轼文中所说的是后者,治所在浠水县(今湖北浠水兰溪镇),隋开皇三年(583)废。 ②《图经》:指《本草图经》,又名《图经本草》,北宋苏颂等编撰,为中药学的著作,也涉及一些地理知识。春申君:黄歇,楚国贵族,与魏国信陵君魏无忌、赵国平原君赵胜、齐国孟尝君田文并称为"战国四公子",曾为楚相。 ③无锡惠山:在无锡西郊,属于天目山的支脉。春申庙:越灭吴,楚又灭越,尽占吴地,楚幽王封春申君于吴地,故无锡有春申君庙。

【点评】

苏轼在黄州谪居五年之久,对黄州周围风土非常熟悉,《隋书·地理志》言黄州乃永安郡,而黄州十五里恰好有永安城,与书中记载符合,苏轼由此断言《隋书·地理志》所记为实,而当地"女王城"的说法不可靠。

汉讲堂①

汉时讲堂今犹在,画固俨然②。丹青之古,无复前比。

【注释】

①讲堂:古时讲学的场所,语出《后汉书·翟酺传》:"光武初兴,愍其荒废,起太学博士舍、内外讲堂,诸生横巷,为海内所集。" ②画:讲堂的壁画。俨然:整齐的样子。

【点评】

苏轼的时代,还保存有汉代的讲堂,时人也视之为难得的古迹了,可惜今天已难寻踪迹。

记樊山①

自余所居临皋亭下,乱流而西,泊于樊山,为樊口,或曰"燔山"②,岁旱燔之,起龙致雨;或曰樊氏居之,不知孰是。其上为卢洲③,孙仲谋泛江遇大风④,柂师请所之⑤,仲谋欲往卢洲,其仆谷利以刀拟柂师⑥,使泊樊口。遂自樊口凿山通路归武昌,今犹谓之"吴王岘"⑦。有洞穴,土紫色,可以磨镜。循山而南至寒溪寺,上有曲山,山顶即位坛、九曲亭,皆孙氏遗迹。西山寺泉水白而甘,名菩萨泉,泉所出石,如人垂手也。山下有陶母庙,陶公治武昌⑧，既病登舟，而死于樊口。寻绎故迹，使人凄然。仲谋猎于樊口，得一豹，见老母曰："何不逮其尾？"忽然不见。今山中有圣母庙，予十五年前过之，见彼板仿佛有"得一豹"三字，今亡矣。

【注释】

①樊山：武昌诸山，又名袁山。　②燔（fán）：烧。燔音与樊同，或讹为樊。　③卢洲：在江西宜春。　④孙仲谋：孙权，字仲谋，三国时吴国的开国者。　⑤柁（duò）师：掌舵的人。　⑥谷利：孙权的仆人，后因救主有功，被拜为都亭侯。以刀拟柁师：用刀对准柁师。《三国志》卷四十七《吴主传》裴松之注引《江表传》曰："权于武昌新装大船，名为长安，试泛之钓台圻。时风大盛，谷利令柁工取樊口。权曰：'当张头取罗州。'利拔刀向柁工曰：'不取樊口者斩。'工即转柁入樊口，风遂猛不可行，乃还。权曰：'阿利畏水何怯也？'利跪曰：'大王万乘之主，轻于不测之渊，戏于猛浪之中，船楼装高，邂逅颠危，奈社稷何？是以利辄敢以死争。'权于是贵重之，自此后不复名之，常呼曰谷。"孙权登船往罗州，遇大风而不欲返，手下谷利抗旨，以刀逼迫舵工将船折入樊口停靠，其后风浪果然更盛，只得返航，谷利的行为也得到孙权的赏识。　⑦岘（xiàn）：小而高的山岭。今湖北有岘首山，在襄阳。　⑧陶公：陶侃，陶渊明的祖父，东晋时期的名将、重臣，曾任武昌太守。

【点评】

一篇纯粹的游记，但仍念念不忘考证樊山以及山上风景得名的来历，东坡学者之本色可见一斑。

赤壁洞穴

黄州守居之数百步为赤壁,或言即周瑜破曹公处,不知果是否?断崖壁立,江水深碧,二鹘巢其上①,有二蛇,或见之。遇风浪静,辄乘小舟至其下,舍舟登岸,入徐公洞。非有洞穴也,但山崦深邃耳②。《图经》云是徐邈③,不知何时人,非魏之徐邈也。岸多细石,往往有温莹如玉者,深浅红黄之色,或细纹如人手指螺纹也。既数游,得二百七十枚,大者如枣栗,小者如芡实④,又得一古铜盆盛之,注水粲然。有一枚如虎豹首,在口鼻眼处,以为群石之长。

【注释】

①鹘(hú):鹰隼类禽鸟。 ②崦:泛指山。 ③徐邈:字景山,燕国蓟人,三国时曹魏名臣。 ④芡实:中药名,为睡莲科植物芡的干燥种仁。

【点评】

赤壁是三国时吴、蜀联合大破曹军的战场,今湖北境内有两个赤壁,一个在蒲圻县(今名赤壁市)的西北部,位于长江南岸,叫"蒲圻赤壁";一个在黄州(今黄冈市)城外,在长江北岸,称"黄州赤壁"。两赤壁孰为真正的赤壁,古今争论不休。

玉石

辨真玉

今世真玉甚少，虽金铁不可近，须沙碾而后成者①，世以为真玉矣，然犹未也，特珉之精者②。真玉须定州磁芒所不能伤者③，乃是云。问后苑老玉工④，亦莫知其信否。

【注释】

①玉质坚硬，金属不能解玉，古人用一种解玉沙磨碾玉石，《天工开物》说："凡玉初剖时，冶铁为圆盘，以盆水盛砂，足踏圆盘使转，添沙剖玉逐忽划断。中国解玉沙，出顺天玉田与真定邢台两邑。其砂非出河中，有泉流出，精粹如面，借以攻玉，永无耗折。" ②珉（mín）：似玉之石。 ③磁芒：瓷器碎片的芒口。 ④后苑：指后苑造作所，是宋代的官府手工业机构，下设很多手工业作坊，生产宫廷用品和官府用品，其中就有玉器。

【点评】

定州瓷质坚，用定窑瓷器的碎片琢玉，可试出玉之真假。定窑白瓷底足上常见玉工用琢玉法刻制的"后苑"等铭文。

红丝石①

唐彦猷以青州红丝石为甲②。或云:"惟堪作骰盆③,盖亦不见佳者。"今观雪庵所藏④,乃知前人不妄许尔⑤。

【注释】

①红丝石:指红丝石砚台,产自青州。早在唐朝,红丝石砚台就居四大名砚之首。　②唐彦猷:即唐询(1005~1064),字彦猷,钱塘人,苏轼友人,历官工部员外郎,累迁右谏议大夫,判太常寺,进给事中。唐询喜爱收藏砚台,著有《砚录》三卷(已佚),另有文集三十卷。《宋史本传》、《山谷集》、《墨池编》有其人物传记。　③骰盆:掷骰子的盘子。　④雪庵:雪庵和尚,宋代临济宗僧人,苏轼友人,俗姓郑,永嘉楠溪人,号雪庵,法名从瑾。　⑤妄许:轻易称赞。

【点评】

青州红丝石砚台十分有名,唐询称其为甲等,苏轼之前并未有很深的印象,后来见到友人雪庵的藏品,才觉得古人对它的美誉并无言过其实之处。

井河

筒井、用水鞴法①

蜀去海远,取盐于井。陵州井最古②,浠井、富顺盐亦久矣③,惟邛州蒲江县井④,乃祥符中民王鸾所开,利入至厚。自庆历、皇祐以来,蜀始创"筒井",用圜刃凿如碗大⑤,深者数十丈,以巨竹去节,牝牡相衔为井⑥,以隔横入淡水,则咸泉自上。又以竹之差小者出入井中为桶,无底而窍其上,悬熟皮数寸,出入水中,气自呼吸而启闭之,一筒致水数斗。凡筒井皆用机械,利之所在,人无不知。《后汉书》有"水鞴",此法惟蜀中铁冶用之,大略似盐井取水筒。⑦太子贤不识⑧,妄以意解,非也。

【注释】

①筒井:直筒型的井。 ②水鞴(bèi):水力鼓风机。鞴,冶铁用的鼓风机。 ③陵州:治今四川仁寿。浠井:今四川宜宾长宁县南双河镇。富顺:今属四川。两地都以产盐闻名。 ④邛州:治今四川邛崃。蒲江县:今属四川。 ⑤圜(yuán)刃:能够打圆孔的刀头。 ⑥牝牡:雌雄。此处指竹子做成榫卯结构相衔接。 ⑦水鞴的外形与筒井之水筒相似,也以熟牛皮蒙覆其上。 ⑧太子贤:唐章怀太子李贤,唐高宗李治第六子,武则天第二子,后被废,武则天令其自尽。李贤曾注解《后汉书》。

【点评】

苏轼《东坡志林》内容博杂,无所不包,此条完全可收入中国科技史,作为研究资料。

汴河斗门①

数年前朝廷作汴河斗门以淤田②,识者皆以为不可,竟为之,然卒亦无功。方樊山水盛时放斗门③,则河田坟墓庐舍皆被害,及秋深水退而放,则淤不能厚,谓之"蒸饼淤",朝廷亦厌之而罢。偶读白居易《甲乙判》④,有云:"得转运使以汴河水浅不通运⑤,请筑塞两河斗门⑥,节度使以当管营田悉在河次⑦,在斗门筑塞,无以供军。"乃知唐时汴河两岸皆有营田斗门,若运水不乏,即可沃灌。古有之而今不能,何也?当更问知者。

【注释】

①汴河:前身为战国时期魏国开凿的人工运河鸿沟,后改名为汴水,隋炀帝开大运河,利用汴水河道扩充为通济渠,故汴河也称通济渠。斗门:河上的水闸,用以控制水的流量。 ②淤田:灌溉土地,使土地肥沃。 ③樊山在武昌,此处疑为苏轼笔误。 ④判:唐代官吏断案的一种公文,也称判文、判词。在唐代科举考试中有"科判"的设置,内容是令考生作"拟判文"一篇。白居易《甲乙判》即属于拟判文。 ⑤转运使:唐、宋主管运输事务的中央或地方官职。 ⑥筑塞:堵塞。堵塞住斗门,节制灌溉用水,使汴河水量增大。 ⑦节度使:唐代设立的地方军政长官,唐睿宗时,令贺拔延嗣为凉州都督充河西节度使,节度使开始成为正式的官职。唐代设置节度使后,北方逐渐形成平卢、范阳、河东、朔

方、陇右、河西、安西四镇、北庭伊西八个节度使区。节度使总揽地方，权力日益扩张，成为安史之乱以及中唐以后藩镇割据的源头。营田：古代军垦屯田制度。河次：近河之地。

【点评】

此同上条，且可兼供研究中国水利史之用。

卜居

太行卜居①

柳仲举自共城来②,抟大官米作饭食我,且言百泉之奇胜③,劝我卜邻。此心飘然已在太行之麓矣!元祐三年九月七日,东坡居士书。

【注释】

①卜居:选择居处。 ②共城:今河南辉县。 ③百泉:在今河南辉县西北苏门山南麓。

【点评】

元祐三年(1088)正月,苏轼以翰林学士朝奉郎知制诰兼侍读权知贡举,当时新旧两党党争激烈,苏轼尚未入院,其对手就"罗织语言,巧加酝酿,谓之诽谤",说他要"任意取人",无奈之下,苏轼上书请求"解罢学士,除臣一京师闲慢差遣,如秘书监、国子祭酒之类,或乞只经筵供职"(见《乞罢学士除闲慢差遣札子》),但未获准。苏轼在礼部任职的心态,可谓战战兢兢,如履薄冰,因此当友人邀请他去百泉居住,便不由得心向往之,恨不能朝发夕至了。

范蜀公呼我卜邻①

范蜀公呼我卜邻许下②,许下多公卿,而我蓑衣箬笠,放荡于东坡之上,岂复能事公卿哉?居人久放浪③,不觉有病,或然持养,百病皆作④。如州县久不治,因循苟简,亦曰无事,忽遇能吏,百弊纷然,非数月不能清净也。⑤要且坚忍不退,所谓一劳永逸也。⑥

【注释】

①范蜀公:见前文《记范蜀公遗事》注释。 ②许下:许昌附近。 ③放浪:在外颠沛流离。 ④或然持养,百病皆作:一旦闲居安定下来,反而百病皆生。 ⑤此句大意为:如同一州一县,本来长久无人治理,但一切凑合,倒也没出过什么大事。一日忽然来了一位能干又愿意做事的官吏,结果随便一看,就发现到处都是问题,折腾几个月都治理不完。 ⑥多事不如少一事,既然性情已如此,就这样坚忍下去吧,不想再改变自己而退让了。

【点评】

此文可与上篇《太行卜居》结合看。许昌离东京汴梁较近,北宋时期,权贵多买宅地居住于此,苏轼不欲在此与公卿、权贵为邻,反倒愿意卜居太行,亲近山水,图个清静去处。

合江楼下戏①

合江楼下，秋碧浮空，光摇几席之上，而有茅店庐屋七八间，横斜砌下。今岁大水再至，居人散避不暇。岂无寸土可迁，而乃眷眷不去②，常为人眼中沙乎？

【注释】

①合江楼：在广东惠州府的东北部，东江和西枝江的合流处，为广东六大名楼之一。合江楼属于当时三司行衙之一的皇华馆，是朝廷行人的驿馆。苏轼抵达惠州后，曾在此楼居住，并写下《寓居合江楼》一诗。戏：当为戏作文字之意。 ②眷眷：恋恋不舍。

【点评】

眷眷不去，为苏轼自况。苏轼被贬惠州，按常理，贬谪之人住在朝廷行人的驿馆是不太合适的，因此招来他人非议，"为人眼中沙"即指此事。但苏轼极爱此地，又十分不舍，故作此文以自刺。

名西阁①

元丰七年冬至，过山阳②，登西阁，时景繁出巡未归③。轼方乞归常州，得请，春中方当复过此。故有阁欲名，思之未有佳者。蔡谟、廓④，名父子也，晋、宋间第一流，辄以仰公家⑤，不知可否？

【注释】

①名：命名。西阁：即苏轼诗《蔡景繁官舍小阁》中的小阁。苏轼《与蔡景繁十四首》说："《西阁》诗不敢不作，然未敢便写板上也。阁名亦思之，未有佳者。蔡谟、蔡廓，名父子也，晋、宋间第一流，辄与仰比公家，不知可否？"　②山阳：古县名，在今江苏淮安。　③景繁：蔡承禧，字景繁，临川人，宋仁宗嘉祐二年（1057）与父蔡元导同登进士。历官太平州司理参军、知雩都县（今江西于都县）、太子中允、监察御史、封府推官、判官，又出为淮南计度转运副使。蔡景繁是苏轼好友，善诗文，著有《论语指归》十卷，《奏议集》十卷，《诗文集》十五卷，皆不传。　④蔡谟：道明，陈留考城（今河南民权）人。东晋时期名臣，左光禄大夫、开府仪同三司，又领司徒。廓：蔡廓，字子度，济阳考城人，是蔡谟的曾孙。蔡廓在东晋时任著作佐郎，别驾从事史，入宋，任御史中丞。　⑤辄以仰公家：此处当如苏轼诗云"辄与仰比公家"。公，指蔡景繁，以蔡谟、廓之名比蔡景繁家。

【点评】

苏轼《蔡景繁官舍小阁》有"使君不独东南美，典型长记先君子"的诗句，文中提到蔡景繁的父亲蔡元导。此文以晋宋间蔡谟、蔡廓与蔡元导、景繁父子相比，意谓蔡元导父子也是一流人物。不过蔡谟是蔡廓的曾祖，二人并不是父子关系，此处是苏轼记忆有误。

亭堂

临皋闲题[①]

临皋亭下八十数步,便是大江,其半是峨嵋雪水[②],吾饮食沐浴皆取焉,何必归乡哉!江山风月,本无常主,闲者便是主人。闻范子丰新第园池[③],与此孰胜?所以不如君子,上无两税及助役钱尔[④]。

【注释】

①临皋:临皋亭,在黄州,见前文《记游松江》。 ②峨嵋山为岷山余脉,临岷江。苏轼时在黄州,为长江下游,所谓"其半是峨嵋雪水"用了"君住长江头,我住长江尾。日日思君不见君,共饮长江水"的典故。 ③范子丰:苏轼之友,据南宋朱弁《曲洧旧闻》卷八记载,范百嘉字子丰,范蜀公(范镇)之子。 ④两税:两税法,中唐时期的税法,一直到宋代仍使用。主要内容有:取消租庸调及各项杂税的征收,保留户税和地税;量出制入,政府先预算开支以确定赋税总额;户税按户等高低征钱,依据财产的多寡划分户等;地税按亩征收谷物;无论户税和地税,都分夏秋两季征收,因为夏秋两征,所以新税制称为两税法;对不定居的商贾征税三十分之一(后改为十分之一),使与定居的人负担均等。助役钱:王安石变法的内容之一。宋神宗熙宁三年(1070)初行免役法,凡当役人户,分五等出钱,募人充役;这使得原来享受免役特权的豪绅、官吏、僧道等都必须出钱助役,称助役钱。

【点评】

苏轼贬谪在黄州,日以消遣山水为乐,不置田园产业,可谓"清风明月不用一钱买",但此时也不忘顺便挖苦一下王安石,说自己由此可以不用交助役钱,可见其对变法的怨念之深了。从文中看,虽然苏轼说"闲者便是主人",其实也并不能真正洒脱、做到忘怀于世。

名容安亭

陶靖节云:"倚南窗以寄傲,审容膝之易安。"①故常欲作小轩②,以容安名之。

【注释】

①此诗句出自陶渊明《归去来兮辞》。陶靖节:陶渊明,字元亮,又名潜,私谥靖节。审:细察。容膝:只能容纳膝头,形容地方狭小。 ②轩:有窗的小屋。

【点评】

陶渊明是苏轼最为敬佩的一位诗人,用陶渊明诗来命名自己所作的小亭,也借此表达对他的敬意。

陈氏草堂

慈湖陈氏草堂①,瀑流出两山间,落于堂后,如悬布崩雪,如风中絮，如群鹤舞。参寥子问主人乞此地养老，主人许之。东坡居士投名作供养主②，龙丘子欲作库头③。参寥不纳，云："待汝一口吸尽此水，令汝作。"

【注释】

①慈湖：在今浙江宁波。 ②供养主：即施主。 ③龙丘子：苏轼友人，苏轼《临江仙》云："龙丘子自洛之蜀，载二侍女，戎装骏马。至溪山佳处，辄留数日，见者以为异人。后十年，筑室黄冈之北，号曰静安居士。作《临江仙》赠之。"库头：寺庙中司职寺内出纳者，又名副寺。

【点评】

寺院的库头，是一份很有油水的肥差，龙丘子是苏轼友人，他看中了这个职位，直言不讳地向参寥子提出了要求，参寥子不好驳苏轼的面子，于是以"口头禅"开玩笑的方式巧妙地拒绝了他。

雪堂问潘邠老①

苏子得废园于东坡之胁②，筑而垣之③，作堂焉，号其正曰"雪堂"。堂以大雪中为，因绘雪于四壁之间，无容隙也。起居偃仰，环顾睥睨④，无非雪者，苏子居之，真得其所居者也。苏子隐几而昼瞑⑤，栩栩然若有所适⑥，而方兴也⑦，未觉，为物触而寤⑧。其适未厌也⑨，若有失焉，以掌抵目，以足就履，曳于堂下。

客有至而问者，曰："子世之散人耶⑩？拘人耶⑪？散人也而未能，拘人也而嗜欲深。⑫今似系马止也⑬，有得乎？而有失乎？"苏子心若省而口未尝言⑭,徐思其应,揖而进之堂上。客曰:"嘻,是矣!子之欲为散人而未得者也。予今告子以散人之道:夫禹之行水,庖丁之提刀,避众碍而散其智者也。⑮是故以至柔驰至刚⑯,故石有时以泐⑰;以至刚遇至柔⑱,故未尝见全牛也。予能散也,物固不能缚;不能散也,物固不能释。子有惠矣,用之于内可也,今也如猬之在囊,而时动其脊胁⑲,见于外者不特一毛二毛而已⑳。风不可搏,影不可捕,童子知之。名之于人,犹风之与影也,子独留之。故愚者视而惊,智者起而轧。吾固怪子为今日之晚也,子之遇我,幸矣!吾今邀子为籓外之游㉑,可乎?"苏子曰:"予之于此,自以为籓外久矣,子又将安之乎?"客曰:"甚矣,子之难晓也!夫势利不足以为籓也,名誉不足以为籓也,阴阳不足以为籓也,人道不足以为籓也,所以籓子者,特智也尔㉒。智存诸内,发而为言,则言有谓也;形而为行,则行有谓也。㉓使子欲嘿不欲嘿㉔,欲息不欲息,如醉者之恚言㉕,如狂者之妄行,虽掩其口,执其臂,犹且暗呜局蹙之不已㉖。则籓之于人,抑又固矣。人之为患以有身,身之为患以有心。㉗是囿之构堂,将以佚子之身也;是堂之绘雪,将以佚子之心也。㉘身待堂而安,则形固不能释;心以雪而警,则神固不能凝。㉙子之知既焚而烬矣,烬又复然,则是堂之作也,非徒无益,而又重子蔽蒙也㉚。子见雪之白乎?则恍然而目眩。子见雪之寒乎?则竦然而毛起。五官之为害,惟目为甚,故圣人不为。㉛雪乎雪乎,吾见子知为目也,子其殆矣!㉜"客又举杖而指诸壁,曰:"此凹也,此凸也。方雪之杂下也,均矣,厉风过焉,则凹者留而凸者散。天岂私于凹凸哉?势使然也。势之所在,天且不能违,而况于人乎!子之居此,虽远人也,而囿有是堂,堂有是名,实碍人耳,不犹雪之在凹者乎?"㉝苏子曰:"予之所为,适然而已,岂有心哉?殆也,奈何?"客曰:"子之适然也?适有雨,则将绘以雨乎?适有风,则将绘以风乎?雨不可绘也,观云气之汹涌,则使子有怒心;风不可绘也,见草木之披靡,则使子有惧意。睹是雪也,子之内亦不能无动矣㉞。苟有动焉㉟,丹青之有靡丽㊱,水雪之有水石,一也。德有心,心有眼㊲,物之所袭㊳,岂有异哉!"

苏子曰:"子之所言是也,敢不闻命?然未尽也,予不能默,此正如与人讼者,其理虽已屈,犹未能绝辞者也。子以为登春台与入雪堂,有以异乎?㊴以雪观春,则雪为静;以台观堂,则堂为静。静则得,动则失。黄帝,古之神也,游乎赤水之北,登乎昆仑之丘,南望而还,遗其玄珠焉㊵。游以适意也,望以寓情也,意适于游,情寓于望,则意畅情出而忘其本矣,虽有良贵,岂得而宝哉?是以不免有遗珠之失也。虽然,意不久留,情不再至,必复其初而已矣,是又惊其遗而索之也。余之此堂,追其远者近之,收其近者内之,求之眉睫之间,是有八荒之趣㊶。人而有知也,升是堂者,将见其不溯而僾,不寒而栗,凄凛其肌肤,洗涤其烦郁,既无炙手之讥,又免饮冰之疾。㊷彼其趋趄利害之途,猖狂忧患之域者,何异探汤执热之俟濯乎?㊸子之所言者,上也;余之所言者,下也。我将能为子之所为,而子不能为我之为矣。譬之厌膏粱者与之糟糠㊹,则必有忿词;衣文绣者被之以皮弁㊺,则必有愧色。子之于道,膏粱文绣之谓也,得其上者耳。我以子为师,子以我为资,犹人之于衣食,缺一不可。将其与子游,今日之事姑置之以待后论,予且为子作歌以道之。"歌曰:

雪堂之前后兮春草齐,雪堂之左右兮斜径微。雪堂之上兮有硕人之颀颀(46)，考槃于此兮芒鞋而葛衣(47)。挹清泉兮，抱瓮而忘其机；负顷筐兮，行歌而采薇。(48)吾不知五十九年之非而今日之是，又不知五十九年之是而今日之非(49)；吾不知天地之大也寒暑之变，悟昔日之癯而今日之肥(50)。感子之言兮，始也抑吾之纵而鞭吾之口，终也释吾之缚而脱吾之羁。(51)是堂之作也，吾非取雪之势，而取雪之意；吾非逃世之事，而逃世之机。吾不知雪之为可观赏，吾不知世之为可依违。性之便，意之适，不在于他，在于群息已动(52)，大明既升(53)，吾方辗转一观晓隙之尘飞(54)。子不弃兮，我其子归(55)！

客忻然而笑(56)，唯然而出(57)，苏子随之。客顾而颔之曰(58)："有若人哉(59)！"

【注释】

①潘邠老：潘大临，字邠老，黄州人，江西派诗人，曾随苏轼同游赤壁。著有《柯山集》二卷，已佚。　②东坡之胁：苏轼在黄州时，开垦故营田废地数十亩。《东坡八首》序云："余至黄州二年，日以困匮。故人马正卿哀余乏食，为于郡中请故营地数十亩，使得躬耕其中，地既久荒，为茨棘瓦砾之场，而岁又大旱，垦辟之劳，筋力殆尽。"因地在黄州东门外，因此仿效白居易忠州东坡之名，名其地为东坡，苏轼也以此为已之号。胁，边侧。　③垣：墙垣，在园外垒墙。　④睥睨（pì nì）：侧目看。　⑤隐几：伏于几案之上。　⑥栩（xǔ）栩然：欢畅的样子。《庄子・齐物论》："昔者庄周梦为胡蝶，栩栩然胡蝶也。"成玄英疏："栩栩，忻畅貌也。"　⑦兴：作者在梦中兴味盎然。　⑧为物触而寤（wù）：被外物所惊动而醒来。寤，睡醒。　⑨厌：满足貌。　⑩散人：闲散自在，

不受束缚之人。⑪拘人：拘于规矩或某种观念的人。⑫意为看似散人，但好像又做不到任意逍遥；看似拘于某种观念之人，但又流露出欲求不满的样子。⑬好似马匹被缰绳所系束，不能奔跑。⑭省（xǐng）：明白。⑮其意为，绕开坚固的阻碍，避免硬抗，这就是所谓的"散人之道"。禹之行水：大禹治水的思路是因势利导，改变过去强堵的办法。庖丁之提刀：庖丁解牛，因其固然，以无厚入有间，见《庄子·养生主》篇。⑯《道德经》四十三章说，水为天下之至柔，可驰骋天下之至坚。至柔：水。水性虽柔弱，但攻无不克。⑰沏（lè）：石头裂开，水滴石穿。⑱以至刚遇至柔：以钢刀之刃穿行于骨节缝隙之间，即"以无厚入有间"。⑲比喻锋芒在外者举动过于明显而易于被人发现。橐：口袋。脊：脊背。胁：身体的两侧。⑳特：仅仅。刺猬在口袋中，只要耸动一下身体，身上的刺就会刺穿口袋，被人看到。㉑藩外之游：比喻脱离人世的种种束缚，过隐居出世的生活。藩，篱笆，指法度、规则等约束人者。㉒为己心设置篱笆的，恰恰是自己的所谓"智"。藩子，给你设置篱笆。㉓句中的"言有谓"、"形有谓"，指说话、行动都各有说法、名义。㉔嘿（mò）：默然。㉕恚（huì）：愤恨。㉖喑呜（yīn wū）：怒而悲咽。局蹙（cù）：徘徊不前。㉗人所以有忧患，是因为人有身体，身体之所以有忧患，是因为人有心灵。此句化用《道德经》十三章："吾所以有大患者，为吾有身，及吾无身，吾有何患？"㉘其意是说苏轼在此修建雪堂、并画雪景于其上，是欲使身心得到休息。佚（yì）：闲佚，游荡。㉙如果苏轼的身体要依赖此雪堂才能得到休息，心灵也要依赖此雪景而得到警醒，那么他的身体、心灵其实是不能真正放松的。㉚修建此雪堂，反而会加重对自己的蒙蔽。㉛这一段说的大概是老子所云"五色令人目盲"之意。㉜客人谓苏轼本欲以所绘雪景来使自己清心寡欲，殊不知绘图本身就是付诸声色的一部分，以声色的方式求远离声色，岂不是南辕北辙？　㉝这几句是说，如同墙壁上有凹凸不平之处，大地上也是如此。大雪覆盖时，凹凸不平是看不出来的，但大风刮过，凹处的雪能留聚下来，凸起处的雪就被风吹散了。这不是上天之意，而是地势的缘故。客人劝苏轼说，人间也有这种"势"，就连上天对此也没有办法，何况人力，每个人都只能顺应此势。雪堂的名字，给人感觉主人是在刻意为之，透出他犹未甘心隐居的心思。　㉞内：内心。　㉟苟有动：一旦为其所动。　㊱丹青之有靡丽：丹青水墨自有其美，属于"五色"，本来就足以感动人心了。　㊲德有心，心有眼：道德由心灵产生，心灵受声色引动，由感官激发。　㊳物之所袭：外物对人的诱惑与袭扰。　㊴登春台：出自《道德经》："众人熙熙，如享太牢，如春登台。"春天登上高台望远，比喻和乐的景象。此处的登春台代指世间与众人同乐，雪堂则代指个人的出世隐居。苏轼将这两者加以比较。　㊵黄帝失落玄珠，出自《庄子·天地》："黄帝游乎赤水之北，登乎昆仑之丘而南望。还归，遗其玄珠。"玄珠：黑色的明珠。　㊶八荒：也叫八方，指东、西、南、北、东南、东北、西南、西北等八面方向。后来指远方、各地。　㊷来到雪堂的人，将会洗涤自己的心灵，对自己有所警醒，内心又不至于如炙手、饮冰那样受到伤害。升是堂者：来到雪堂的人。不溯而僾：不用追寻事物的源头就能有所见。溯，溯源。僾（ài），仿佛有所见。炙（zhì）手：烫手。　㊸对于那些整日奔波于名利之途、跋涉于忧患险境的人，雪堂那种境界，无异于手指被沸水烫伤时，以清水为他们洗濯疗伤。探汤：将手指伸进沸水中。　㊹厌膏粱者与之糟糠：给吃惯山珍海味的人吃糟糠。膏粱，指美味。糟糠，酒糟和谷糠。　㊺文绣：绫罗绸缎，贵人之服。弁（biàn）：古代的一种冠服，自天子以下的贵族上朝时都要头戴皮弁。本文所指的皮弁大概指后世武夫、仆役所戴的皮帽子。　㊻硕人之颀颀：出自《诗经·硕人》，硕人本来是赞美齐庄公之女庄姜之美，后来也指有高洁品行的人。硕，高大。颀，颀长。　㊼考槃：敲击木盘，出自《诗经·考槃》，一首描写隐士的诗。芒鞋葛衣：农夫、隐士所服。芒鞋，草鞋。葛衣，以葛织成的粗布衣服。硕人、考槃都为苏轼自况。　㊽这两句描述隐士所过的清苦生活。挹（yì）清泉：舀清泉为饮。机：世俗机巧之心。顷筐：斜口竹筐，前高后低。薇：豆苗，可以食用。采薇出自《诗经·采薇》。　㊾春秋时卫国大夫蘧伯玉说自己"年五十而知四十九年非"，出自《淮南子·原道训》，苏轼活用此典，表示对自己过去言行的反省。　㊿癯（qú）：瘦。　㊱大意是，对话开始的时候，客人用犀利的语言驳斥苏轼，使其无言以对，最后则令其茅塞顿开，得到解脱。靳（jī）：马嚼子。　㊲群息：指一切生物。息，气息。　㊳大明：太阳。　㊴晓隙之尘飞：拂晓之际天光所见的飞尘。　㊵我其子归：让我与您一起归去。其，助词，表示感叹等语气。　㊶忻（xīn）：同"欣"，愉快。　㊷唯：答应之声。　㊸颔（hàn）之：点头微笑。颔，下巴颏。　㊹有若人哉：(竟)有这样的人啊！

【点评】

苏轼在政治失意、贬谪黄州时，表面上优游山水自娱，建雪堂居之，以示自己一片冰心，澄澈无杂，实为对政治斗争心灰意冷又不完全甘于寂寞的矛盾心态之表现。苏轼作此文，也是为了纾解内心的困惑与不安。文中借鉴西汉枚乘《七发》以来的问答文体，虚设二人问答。客人先指出苏轼命名雪堂，是因为尚不能摆脱"智"的藩篱，借此表示自己志行高洁，与俗世不同，但这样做却过于刻意，不但无益，且对自己的内心也造成了遮蔽。堂以雪为名，有自励的意味，已经透露出"主人"的动心着相，其实不如完全顺其自然、随心适意为好。接着，文中的"主人"为自己辩解，认为客人所言固然有理，但说的并不全面。"吾非逃世之事，而逃世之机"，这是苏轼对其隐于黄州的辩解。苏轼承认，隐居于此是被迫的，本来就不出乎己愿，因此在对雪堂命名这件事上也有所寄托，他期望有朝一日还有机会出来为朝廷做事，认为这才是真实的"性之便，意之适"，客人所说的道德境界确乎高尚，但苏轼自己的想法也是有价值的，他应当顺应这种本性。主客二人之辩其实可以看作一儒一道的对话，儒不能离道，道也不能脱儒，出世入世，互相依托，是为一体之两面。

人物

尧舜之事

夫学者载籍极博，犹考信于六艺①。《诗》、《书》虽阙，然虞、夏之文可知也。②尧将逊位，让于虞舜，舜、禹之间，岳牧咸荐，乃试之于位，典职数十年，功用既兴，然后授政。③示天下重器，王者大统，传天下若斯之难也。而说者曰尧让天下于许由④，由不受，耻之，逃隐。及夏之时，有卞随、务光者。⑤此何以称焉？东坡先生曰：士有以箪食豆羹见于色者⑥。自吾观之，亦不信也。

【注释】

①六艺：先秦时期贵族必须学习的六种技艺，分别为礼、乐、射、御、书、数。 ②现存的《诗经》与《尚书》虽然缺失了上古的一些内容，但从中还是可以了解虞舜、夏禹时代的礼乐制度的。《诗》、《书》：《诗》指《诗经》，《书》指《尚书》，儒家五经中的两部。 ③上古的时候，实行禅让制，尧帝禅位给虞舜，到了舜的晚年，天下诸侯都举荐夏禹继位，舜经过考察后委任夏禹继承大统。岳牧：尧舜所设治理四方人民的诸侯。语出《尚书·周官》："曰唐虞稽古，建官惟百，内有百揆四岳，外有州牧侯伯。"岳，高大的山。牧，治理人民。 ④许由：尧时的隐士，尧欲让天子位与许由，许由不受而逃去。事见《庄子》、《韩非子》、《高士传》。 ⑤商汤伐夏桀，问计于卞随、务光，二人以为商汤所为不义，不答。灭夏后，商汤欲传位于二人，二人以此为耻，自杀。见《庄子·让

王》、《吕氏春秋·离俗》。 ⑥语出《孟子·尽心下》："好名之人,能让千乘之国;苟非其人,箪食豆羹见于色。"意为矫情干誉的人,有的也许为了邀名,能够让出千乘大国的君位,但其内心并非真正自甘淡泊,这种人往往会在平常生活中,对一箪食、一豆羹这样的小小得失斤斤计较,喜怒形于色,在不知不觉中暴露其真实性情。

【点评】

苏轼此言说,《庄子》等书中关于古时许由、卞随、务光让位的说法过于理想化、不符合人之常情,不如《尚书》对尧舜禅位的记载可信。"士有以箪食豆羹见于色者"一语,则是苏轼官场多年对人性的观察所得。

论汉高祖羹颉侯事①

高祖微时②,尝避事,时时与宾客过其丘嫂食③。嫂厌叔与客来,阳为羹尽轑釜④,客以故去。已而视其釜中有羹,由是怨嫂。及立齐、代王,而伯子独不侯。太上皇以为言,高祖曰:"非敢忘之也,为其母不长者。"封其子信为羹颉侯。高祖号为大度不记人过者,然不置轑釜之怨,独不畏太上皇缘此记分杯之语乎⑤?

【注释】

①羹颉侯:刘邦兄子刘信的封号。颜师古注《史记》:"颉,音戛,言其母戛羹釜也。"这一封号带有嘲讽、侮辱的意味。 ②高祖微时:汉高祖未起兵时地位卑微,为一亭长。 ③丘嫂:大嫂,长嫂。丘,大。 ④阳

为：伴装。𫓧（láo）：用勺刮锅。此段文字出自《汉书·楚元王刘交传》。颜师古注："服虔曰：'音劳。𫓧，𨦧也。'以勺𨦧釜，令为声也。" ⑤分杯：《史记·项羽本纪》记载，刘邦与项羽对峙之时，"项王患之。为高俎，置太公其上，告汉王曰：'今不急下，吾烹太公。'汉王曰：'吾与项羽俱北面受命怀王，曰约为兄弟，吾翁即若翁，必欲烹而翁，则幸分我一杯羹。'项王怒，欲杀之。项伯曰：'天下事未可知，且为天下者不顾家，虽杀之无益，祗益祸耳。'项王从之"。此句是说，若都这样斤斤计较的话，当初刘邦"分一杯羹"的无情之言也足以令其父亲记恨了。

【点评】

汉高祖号为大度，实际上心胸狭隘，正如上文所谓"箪食豆羹见于色"者。《中庸》说："上老老而民兴孝，上长长而民兴弟，上恤孤而民不倍。"刘邦记恨陈年旧怨，将羹颉侯这个侮辱性的封号赐给自己的亲侄，睚眦必报见于天下，使得天下人皆知皇帝不能亲睦家族、示范于民，影响很坏，这已经不仅仅是刘邦个人私德的问题了。

武帝踞厕见卫青①

汉武帝无道，无足观者，惟踞厕见卫青，不冠不见汲长孺②，为可佳耳。若青奴才，雅宜舐痔③，踞厕见之，正其宜也。

【注释】

①踞厕：一说坐于床侧，一说坐于厕所。《史记·汲郑列传》："大将军青侍中，上踞厕而视之。"南朝裴骃《史记集解》引如淳曰："厕音侧，

谓床边，踞状视之。一云溷厕也。"三国魏伏义《与阮嗣宗书》："古人称窃简写律，踞厕读书，诵之可悼。"卫青：字仲卿，河东平阳人。西汉时期名将，汉武帝第二任皇后卫子夫的弟弟，汉武帝时出征匈奴有功，官至大司马大将军，封长平侯。 ②不冠不见汲长孺：汉武帝对汲黯非常敬重，每当汲黯前来拜见，必正衣冠，而对其他大臣就没有这么重视。汲长孺，汲黯，字长孺，濮阳人，汉武帝时名臣，历官东海太守、主爵都尉。其在外交政策上主张与匈奴和亲，反对汉武帝征伐匈奴。 ③雅宜：向来适合。舐痔（shì zhì）：舔别人的痔疮，出自《庄子·列御寇》：秦王得病召医，如有破痈溃痤者得车一乘，舔治痔疮的人得车五乘。所治愈下，得车愈多。舐痔比喻谄媚行为。

【点评】

汉武帝征伐匈奴一事，虽然历代都有人诟病其"穷兵黩武"，但说汉武帝"无道"，把征伐匈奴的统帅卫青斥为"奴才"，如此评价还是显得太另类了。苏轼如此议论，并不在于他对汉武帝的真实看法为何，而是为了借古喻今。宋神宗用王安石之策变法，积极主动出击西夏，开拓西境，苏轼对此极不赞成，文中切责主战的汉武帝与卫青，赞扬主和的汲黯，有明显的影射之意。

元帝诏与《论语》、《孝经》小异①

楚孝王嚣疾，成帝诏云："夫子所痛，'蔑之，命矣夫'。"②东平王不得于太后，元帝诏曰："诸侯在位不骄，然后富贵离其身，而社稷可保。"③皆与今《论语》、《孝经》小异。离，附离也，今作

"不离于身",疑为俗儒所增也。④

【注释】

①元帝:汉元帝,名奭,汉宣帝刘询之嫡子。 ②今本《论语·雍也》:"伯牛有疾,子问之,自牖执其手,曰:'亡之,命矣夫!'"与成帝诏中所引《论语》句有异。楚孝王:刘嚣,汉宣帝第三子,封为楚王,孝为谥号。成帝:汉成帝,名骜,是元帝嫡子。 ③今本《孝经》:"富贵不离其身,然后能保其社稷,而和其民人。"与元帝诏中所引《孝经》句不同。东平王:东平思王宇,汉宣帝之子,汉元帝的弟弟。 ④"离"本身既可指离开,又有附着的意思。苏轼猜测,《孝经》本用"离"字的附着义,后儒不知离有附着义,以为此处缺一"不"字,于是擅自增补。

【点评】

与固守章句家法的汉学不同,宋人治经好疑传、疑古,不拘一格,以己意解经,这是宋学的一个重要特征。苏轼发现《汉书》中所引的《论语》、《孝经》与当时通行本有别,认为通行本中有些词句可能是后儒擅改的,这种治学态度也是受时代风气影响所致。

跋李主词①

"三十余年家国②,数千里地山河,几曾惯干戈?一旦归为臣虏,沈腰潘鬓消磨③。最是仓惶辞庙日④,教坊犹奏别离歌⑤,挥泪对宫娥。"后主既为樊若水所卖⑥,举国与人,故当恸哭于九庙之外⑦,谢其民而后行⑧,顾乃挥泪宫娥,听教坊离曲!

【注释】

①李主：指李后主，南唐中主李璟第六子，字重光，南唐国的末代君主。开宝八年（975），宋军攻入南唐都城金陵，李煜降宋，被俘至汴京，封为右千牛卫上将军、违命侯。太平兴国三年（978）七月七日，死于汴京。该词词牌为《破阵子》，原词为："四十年来家国，三千里地山河。凤阁龙楼连霄汉，玉树琼枝作烟萝，几曾识干戈？一旦归为臣虏，沈腰潘鬓消磨。最是仓皇辞庙日，教坊犹奏别离歌，垂泪对宫娥。"与苏轼所引有异。　②三十余年家国：南唐自李昪建国（937）到亡于宋（975），共三十八年。　③沈腰潘鬓：沈指沈约，《南史·沈约传》："言已老病，百日数旬，革带常应移孔。"后用"沈腰"形容人消瘦。潘指潘岳，潘岳《秋兴赋》序："余春秋三十二，始见二毛。"二毛，黑白头发相杂。"潘鬓"比喻早生白发。　④辞庙：离开宗庙。　⑤教坊：宫中教习音乐的机构。　⑥樊若水：字叔清，南唐人，曾向宋太祖献平南唐之策。　⑦九庙：宗庙，古时天子九庙。　⑧谢：认错，道歉。

【点评】

后主降宋，最对不起的是南唐的臣民及其个人的列祖列宗，但他念念不忘的却只是那几个嫔妃、歌姬，这也难怪其会丢掉社稷、成为亡国之君了。苏轼之论，可谓犀利。

真宗、仁宗之信任

真宗时，或荐梅询可用者①，上曰："李沆尝言其非君子②。"

时沆之没，盖二十余年矣。欧阳文忠公尝问苏子容曰："宰相没二十年，能使人主追信其言，以何道？"子容言："独以无心，故尔。"轼因赞其语，且言："陈执中俗吏耳③，特以至公犹能取信主上，况如李公之才识，而济之无心耶④！"时元祐三年兴龙节⑤，赐宴尚书省，论此。是日，又见王巩云其父仲仪言⑥："陈执中罢相，仁宗问：'谁可代卿者？'执中举吴育⑦，上即召赴阙。会乾元节侍宴⑧，偶醉坐睡，忽惊顾拊床呼其从者⑨。上愕然，即除西京留台⑩。"以此观之，执中虽俗吏，亦可贤也。育之不相，命矣夫！然晚节有心疾⑪，亦难大用，仁宗非弃材之主也。

【注释】

①梅询：字昌言，宣州宣城人，太宗端拱二年（989）进士，为利丰监判官。历知苏、濠、鄂、楚、寿、陕诸州，为两浙、湖北、陕西转运使，明道元年（1032）以枢密直学士知并州。入为翰林侍读学士，拜给事中，知审官院。康定二年（1041）卒，年七十八。 ②李沆：字太初，洺州肥乡人，太平兴国五年（980）登进士，任将作监丞、通判潭州，召直史馆。累迁至礼部侍郎兼太子宾客。真宗即位，拜户部侍郎、参知政事、拜平章事、监修国史。咸平二年（999）改中书侍郎，加门下侍郎。咸平五年（1002），加尚书右仆射。景德元年（1004）卒。 ③陈执中：昭誉，参知政事陈恕之子，北宋洪州南昌人，父荫为秘书省正字。累迁卫尉寺丞，知江宁府、扬州、永兴军，知枢密院事。庆历四年（1044），召拜参知政事；五年，同平章事兼枢密使。至和二年（1055）充镇海军节度使判亳州，以司徒致仕。嘉祐四年（1059）卒，年七十。 ④济之无心：加上无心。济，补益。 ⑤兴龙节：宋代为皇帝祝寿的节日。 ⑥王

巩：字定国，自号清虚先生，莘县人，宰相王旦之孙，擅诗文、书画，历官扬州通判，权知宿州等。仲仪：王素，字仲仪，王旦之子，历官侍御史、兵部员外郎，知谏院，同判国子监。知通进、银台司，转工部尚书，致仕。　⑦吴育：字春卿，建安人。生于宋真宗景德元年（1004），中进士甲科，除大理评事。庆历中，拜谏议大夫，参知政事。后任资政殿大学士、尚书左丞，卒于仁宗嘉祐三年（1058）。　⑧乾元节：兴龙节的另一个名称。　⑨拊：拍击。　⑩仁宗本来欲拜吴育为相，结果因为吴育醉酒失态，引起仁宗的反感，改为管勾西京留守司御史台。西京留台：即西京留守司御史台，北宋在陪都西京（河南府，今洛阳）、南京（应天府，今河南商丘）、北京（大名府，今河北大名）留守司各置留司御史台，各置管勾台事，以朝官以上充任。　⑪吴育由于年轻时候读书过于刻苦，患上心脏病，晚年经常发作。《宋史·吴育传》对此有记载。

【点评】

君臣之间的信任是有了，但又带来了"因言兴人、因言废人"之弊。在现实中，每个人对他人的评价都会受到自己情感的好恶以及利益关系的影响，绝对的客观是不可能做到的。

孔子诛少正卯①

孔子为鲁司寇七日而诛少正卯②，或以为太速。此叟盖自知其头方命薄③，必不久在相位，故汲汲及其未去发之。使更迟疑两三日，已为少正卯所图矣④。

【注释】

①《荀子·宥坐》:"孔子为鲁摄相,朝七日而诛少正卯。"《史记》:"(孔子)诛鲁大夫乱政者少正卯。"　②司寇:先秦时掌管刑狱、司法、纠察等事的最高官职。　③此叟:指孔子。头方:脑袋方正。孔子头方,《史记》说孔子"生而首上圩顶,故因名曰丘云"。　④为少正卯所图:被少正卯图谋算计。

【点评】

此条苏轼戏谑孔子头方命薄,是说其耿直不随和,易得罪人。

戏书颜回事①

颜回箪食瓢饮,其为造物者费亦省矣,然且不免于夭折。②使回更吃得两箪食半瓢饮,当更不活得二十九岁。然造物者辄支盗跖两日禄料③,足为回七十年粮矣④,但恐回不要耳。

【注释】

①颜回:孔子的学生,年二十九,发尽白,早死。颜回以好学、贤明闻名,是孔子最中意的学生。后世祭祀孔子时往往以颜回配享。　②颜回家贫,《论语·雍也》说他"……一箪食,一瓢饮,在陋巷,人不堪其忧,回也不改其乐……"故苏轼说颜回为造物者(上天)节省粮食,又短命早死。　③盗跖:展氏,名跖,又名柳下跖、柳展雄,春秋时鲁国著名的大盗。　④足为回七十年粮:如果上天将盗跖两日的开支转移给颜

回，就足够颜回吃七十年了。

【点评】

古人常把盗跖之恶与孔子之圣、颜回之贤相对比，《庄子》里就有假托盗跖与孔子的对话。

辨荀卿言青出于蓝①

荀卿云："青出于蓝而青于蓝，冰生于水而寒于水。"世之言弟子胜师者，辄以此为口实，此无异梦中语！青即蓝也，冰即水也。酿米为酒，杀羊豕以为膳羞，曰"酒甘于米，膳羞美于羊"，虽儿童必笑之，而荀卿以是为辨，信其醉梦颠倒之言！以至论人之性，皆此类也。②

【注释】

①《荀子·劝学》："青，取之于蓝而青于蓝。"靛青提炼自蓼蓝，但比蓼蓝更蓝。青：即靛青，为染料。蓝：蓼蓝。 ②荀子论人性，认为人性本恶，其善者出于伪。

【点评】

苏轼文中辩称，靛青是从蓼蓝本身提炼出来的，是自身的提高，世人常以此形容学生胜过老师，但实际上学生、老师是两个不同的主体，不能用"青出于蓝而青于蓝"来形容。按：荀子言"青出于蓝而青于蓝，冰生于水而寒于水"只是一种比喻而已，苏轼在文中揶揄其为"醉梦颠倒之言"，未免夸张了。

颜蠋巧于安贫①

颜蠋与齐王游,食必太牢②,出必乘车,妻子衣服丽都③。蠋辞去,曰:"玉生于山,制则破焉,非不宝贵也,然而太璞不完;士生于鄙野,推选则禄焉,非不尊遂也,然而形神不全。④蠋愿得归,晚食以当肉⑤,安步以当车,无罪以当贵,清静贞正以自娱。"嗟乎,战国之士未有如鲁连、颜蠋之贤者也⑥,然而未闻道也。晚食以当肉,安步以当车,是犹有意于肉于车也。晚食自美,安步自适,取其美与适足矣,何以当肉与车为哉!虽然,蠋可谓巧于居贫者也。未饥而食,虽八珍犹草木也⑦;使草木如八珍,惟晚食为然。蠋固巧矣,然非我之久于贫,不能知蠋之巧也。

【注释】

①颜蠋(zhú):今本《战国策》作颜斶(chù),战国时的高士,曾受到齐宣王的召见。事见《战国策》。 ②太牢:古代同时具备牛、猪、羊祭品的最高规格的祭祀。文中比喻饮食精美。 ③都:美。 ④玉石生于山中,但把它拿出来加工,就破坏了它本来质朴的美;士出于鄙野之地,假如被人推举出来做官,这当然尊贵显达了,但从此就不能自由,自身的形神不能得到保全。然而太璞不完:今本《战国策》作"然夫璞不完"。璞,裹于石中,未经剖出的玉。禄:做官食俸禄。遂:显达。 ⑤"晚食以当肉"几句,见前文《赠张鹗》注释。 ⑥鲁连:又名鲁仲连,战国时齐国人。《战国策》载其"义不帝秦",不尊秦王为帝,曾游说各

国联合抗秦。 ⑦八珍：指世间珍贵的食物。《周礼·天官·冢宰》："食医，掌和王之六食、六饮、六膳、百馐、百酱、八珍之齐。"

【点评】

晚食以当肉，安步以当车，看似潇洒，实则很不彻底，透着对"肉"与"车"的向往，显出对"无肉"与"无车"的不满与无奈，真正安贫乐道的人不会作此自我安慰之想。故苏轼说颜斶未闻道，而只是"巧"，擅长在生活中自寻乐趣罢了。

张仪欺楚商於地①

张仪欺楚王以商於之地六百里，既而曰："臣有奉邑六里。"此与儿戏无异，天下无不疾张子之诈而笑楚王之愚也，夫六百里岂足道哉！而张又非楚之臣，为秦谋耳，何足深过？若后世之臣欺其君者，曰："听吾言，天下举安，四夷毕服，礼乐兴而刑罚措。"其君之所欲得者，非特六百里也，而卒无丝毫之获，岂特无获，所丧已不胜言矣。则其所以事君者，乃不如张仪之事楚。因读《晁错传》②，书此。

【注释】

①张仪：魏国安邑（今山西万荣）人，战国时期著名的纵横家，以连横之计（秦与六国分别连横，攻击其他国家）破六国合纵（六国共同击秦）之计，被秦王封为武信君。商於：古地名，又名於中，在今河南淅川西南。张仪诱楚怀王与齐国绝交，诈以割让商於之地六百里给楚国，事

后张仪抵赖说许诺给楚国的是六里而不是六百里。 ②《晁错传》：苏轼本人写的一篇评论西汉人晁错的文章。晁错，颍川人，是西汉文帝、景帝时的名臣，景帝时任御史大夫，主张改革法令、削弱诸王的权力，引起王侯不满与恐慌。景帝四年（前153），吴、楚等七国要求"讨晁错以清君侧"，景帝听从袁盎等人的计策，杀晁错以讨好七国，却未能换取七国退兵。苏轼《晁错传》认为，晁错被景帝所杀虽然冤屈，但其祸也有自取之处，如削藩之策考虑不周等。

【点评】

此文又是影射神宗、王安石变法，北宋西拓开边之事。

赵尧设计代周昌①

方与公谓周昌之吏赵尧年虽少②，奇士，"君必异之，且代君"。昌笑曰："尧，刀笔吏尔③，何至是！"居顷之④，尧说高祖为赵王置贵强相，独周昌为可⑤。高祖用其策，尧竟代昌为御史大夫。吕后杀赵王，昌亦无能为，特谢病不朝尔。由此观之，尧特为此计代昌尔，安能为高祖谋哉！⑥吕后怨尧为此计，亦抵尧罪。尧非特不能为高祖谋，其自为谋亦不善矣，昌谓之刀笔吏，岂诬也哉！

【注释】

①赵尧代周昌之事，出自《史记·张丞相列传》。赵尧：汉初的符玺御史，是周昌的属下。刘邦担心自己死后赵王为人所害，赵尧看出了刘邦的心思，上书推荐周昌为赵王相，得到刘邦的采纳。赵尧后来取代周昌，

担任御史大夫。吕后杀赵王之后,怨恨赵尧举荐过周昌,将赵尧罢免。周昌:沛郡人,秦时为泗水卒史,秦末投奔刘邦,任御史大夫,封汾阴侯。后为赵王刘如意相。周昌耿直敢言,刘邦死后,吕后几次欲加害赵王,都被周昌阻止。后来赵王终为吕后所杀。周昌在赵王死后,即称病引退,三年后郁郁而终。 ②方与公:《史记》原文作"赵人方与公",《史记集解》孟康曰:"方与,县名,公,其号。" ③刀笔吏:指掌文案的小吏。 ④顷之:不久以后。 ⑤为可:同意。 ⑥苏轼认为,赵尧本为周昌的部下,他推荐周昌为赵王相,并非出于公心,而是因为这样自己就有机会替代周昌,任御史大夫之职。

【点评】

汉时的周昌、赵尧都是为历代史家所称道的人物,苏轼对二人的评论却反其道而行之,显得与众不同。不过文章从周昌未能阻止吕后杀赵王推出赵尧不是为君主着想,并从赵尧后来替代周昌的职务得出赵尧当初之举纯属出于私心,这是典型的从结果倒推动机,结论未必公允。

黄霸以鹖为神爵^①

吾先君友人史经臣彦辅^②,豪伟人也,尝言:"黄霸本尚教化,庶几于富,而教之者乃复用乌攫小数,陋哉!^③颍川凤皇,盖可疑也,霸以鹖为神爵,不知颍川之凤以何物为之?^④"虽近于戏,亦有理也。

【注释】

①黄霸:字次公,西汉武帝、昭帝、宣帝时的名臣,先后任河南太守

丞、廷尉正、扬州刺史、颍川太守等官职。黄霸治郡仁厚,有政声,为有汉一代著名的能吏、循吏。汉宣帝五凤三年(前55),黄霸出任丞相。鹖(hé):今名褐马鸡。爵:即雀。　②先君:指苏轼之父苏洵。　③据《汉书》记载,黄霸为地方官时,"尝欲有所司察,择长年廉吏遣行,属令周密。吏出,不敢舍邮亭,食于道旁,乌攫其肉。民有欲诣府口言事者适见之,霸与语,道此。后日吏还谒霸,霸见迎劳之,曰:'甚苦!食于道旁,乃为乌所盗肉。'吏大惊,以霸具知其起居,所问豪氂不敢有所隐"。黄霸派出司察民间的小吏,为保密起见,不敢在官府设置的邮亭休息,在路边吃饭,引来乌鸦争抢所食之肉,被一欲往官府言事的行人所见,后此人与黄霸交谈时言及此事。史经臣认为这是黄霸故意诈唬小吏("乌攫小数"),使之不敢说假话,故云其浅陋。　④黄霸任颍川太守时郡中大治,据说有凤凰集于郡国,事见《汉书》,"京兆尹张敞舍鹖雀飞集丞相府,霸以为神雀,议欲以闻",张敞上奏此事,攻击黄霸荒诞迷信。文中提到的乌攫、神雀两件事,表现了"能吏"、"循吏"黄霸的另一面。

【点评】

孔子说,治民要先富而后教,黄霸是历史上有名的能吏与循吏,但史经臣却认为,黄霸只达到了"富民",还谈不上"教民"。文中提到的乌攫、神雀两件事,表现了能吏黄霸行事浅陋的另一面。

王嘉轻减法律事见《梁统传》①

汉仍秦法,至重。②高、惠固非虐主,然习所见以为常,不知其重也,至孝文始罢肉刑与参夷之诛③。景帝复弩戮晁错④,武帝罪戾有增无损，宣帝治尚严，因武之旧。至王嘉为相，始轻减法律，遂至东京⑤，因而不改。班固不记其事，事见《梁统传》⑥，固可谓疏略矣。嘉，贤相也，轻刑，又其盛德之事，可不记乎？统乃言高、惠、文、景以重法兴，哀、平以轻法衰，因上书乞增重法律，赖当时不从其议。此如人年少时不节酒色而安，老后虽节而病，见此便谓酒可以延年，可乎？统亦东京名臣，一出此言，遂获罪于天，其子松、竦皆以非命而死，冀卒灭族⑦。呜呼，悲夫，戒哉！"疏而不漏"，可不惧乎？

【注释】

①王嘉：字公仲，西汉平陵人。以明经射策甲科为郎。建昭中，任光禄掾。建平中，迁御史大夫。汉哀帝时为丞相，封新甫侯。因直言进谏得罪哀帝，下狱死。梁统：字仲宁，安定乌氏人，光武帝时为武威太守。《后汉书·梁统传》记载，梁统曾上书光武帝建议用峻法重典治国，疏中论及西汉王嘉减轻刑法之事："……武帝值中国隆盛，财力有余，征伐远方，军役数兴，豪桀犯禁，奸吏弄法，故重首匿之科，著知从之律，以破朋党，以惩隐匿。宣帝聪明正直，总御海内，臣下奉宪，无所失坠，因循先典，天下称理。至哀、平继体，而即位日浅，听断尚寡，丞相王嘉轻为穿凿，亏除先帝旧约成律，数年之间，百有余事，或不便于理，或不厌民心。" ②秦法严苛，汉初之法延续了秦法的特点。仍：延续。 ③参夷之诛：灭三族。参，同叁，三。夷，灭。《汉书·刑法志》："韩任申子，秦用商鞅，连相坐之法，造参夷之诛。"颜师古注："参夷，夷三族。"
④挐戮：诛及子孙。汉景帝诛晁错，见前文《张仪欺楚商於地》注。
⑤东京：西汉以长安为京，东汉以洛阳为京，洛阳在长安之东，故称东

京,代指东汉。 ⑥班固的《汉书》未记载王嘉减轻刑法之事,南朝宋时范晔的《后汉书·梁统传》对此有所提及。 ⑦梁松、梁竦为梁统之子,先后下狱死。梁冀为梁竦的曾孙,官至大将军,把持朝政,擅立皇帝,后汉桓帝借宦官之力杀死梁冀,将梁氏灭族。

【点评】

汉初强盛时刑法严苛,汉末衰弱,实行宽刑,有人就总结说严刑峻法可令国家强大,宽刑则导致国家衰弱,这种说法逻辑混乱、颠倒因果,好比一个人年轻时候嗜酒色,但身体没出问题,等到老了,虽然节制酒色,仍然体弱多病,故可由此推出嗜酒能够使人身体健壮、延年益寿的错误结论。

李邦直言周瑜①

李邦直言:周瑜二十四经略中原,今吾四十,但多睡善饭,贤愚相远。如叔安上言吾子以快活②,未知孰贤与否?

【注释】

①李邦直:李清臣,字邦直,进士试阁策入等,授书郎签书。神宗时为两朝史编修官,进知制诰。哲宗时为相,复王安石青苗、免役法。《宋史》有传。李清臣支持新法,是苏轼、苏辙的政敌。 ②叔安上言:此句不知出自何处。

【点评】

李邦直是苏轼的政敌,但其言可取者《东坡志林》仍取之,苏轼能容人之胸怀于此可见。

（朱）勃逊之[①]

与朱勃逊之会议于颍，或言洛人善接花，岁出新枝，而菊品尤多。逊之曰："菊当以黄为正，余可鄙也。"昔叔向闻鬷蔑一言[②]，得其为人，予于逊之亦云然。

【注释】

①此处少一"朱"字。朱勃，字彦素，又字逊之，洛阳人，词人朱敦儒之父，事迹见于《续资治通鉴长编》卷四百八十二。　②叔向：羊舌肸（xī），复姓羊舌，名肸，字叔向，春秋时著名的政治家，晋国大夫。鬷（zōng）蔑：字然明，郑国大夫。《左传·昭公二十八年》："昔叔向适郑，鬷蔑恶，欲观叔向，从使之收器者而往，立于堂下。一言而善。叔向将饮酒，闻之，曰：'必鬷明也。'"叔向到郑国来，鬷蔑很想见他一面，但是因为自己长得丑陋，就假装成下人跟随叔向，后来不经意间说了一句话，被叔向察觉，猜出来这就是鬷蔑。这就是所谓"一言而善"。

【点评】

仅仅因为朱勃逊之此言鲜明，"得其为人"，足以知其为人如何，但并不代表苏轼就赞同朱勃逊之这句话。

刘聪、吴中高士二事

刘聪闻当为须遮国王,则不复惧死,人之爱富贵,有甚于生者。①月犯少微②,吴中高士求死不得③,人之好名,有甚于生者。

【注释】

①刘聪之子刘约曾经假死,苏醒后对刘聪说,见到祖父对他说,海外有遮须夷国,等待刘聪死后去当国王。刘聪听后就说,以后自己不再惧怕死亡了。事见《晋书·载记》。《东坡志林》记为"须遮国",当为苏轼误记。　②少微:星座名,共四星,在太微垣西南。《史记·天官书》:"廷藩西有隋星五,曰少微,士大夫。"张守节《正义》:"少微四星,在太微西,南北列:第一星,处士也;第二星,议士也;第三星,博士也;第四星,士大夫也。占以明大黄润,则贤士举;不明,反是;月、五星犯守,处士忧,宰相易也。"《晋书·隐逸传·谢敷》:"初,月犯少微。少微一名处士星,占者以隐士当之。"　③吴中高士:南朝宋檀道鸾《续晋阳秋》:"谢敷隐居会稽山。初,月犯少微星,一名处士星,时戴逵名重于敷,时人忧之。俄而敷死,故会稽士人嘲吴人云:'吴中高士,求死不得。'"

【点评】

会稽的士人嘲笑吴人说,如果当时死的是吴地的戴逵,那就应了"月犯少微"(即隐士死)的星象,同时也印证了戴逵是天下第一高士。但死的却是会稽的谢敷,可见第一高士不是戴逵而是谢敷。这就是"吴中高士求死不得"的意思。人之好名,乃至于此。此即孟子所言,人有"所欲有甚于生者","所恶有甚于死者"。

郗超出与桓温密谋书以解父①

郗超虽为桓温腹心,以其父愔忠于王室②,不知之③。将死,出一箱付门生,曰:"本欲焚之,恐公年尊,必以相伤为毙。我死后,公若大损眠食,可呈此箱,不尔便烧之。"愔后果哀悼成疾,门生以指呈之,则悉与温往反密计。愔大怒,曰:"小子死晚矣!"更不复哭矣。若方回者,可谓忠臣矣,当与石碏比④。然超谓之不孝,可乎?使超知君子之孝,则不从温矣。东坡先生曰:超,小人之孝也。

【注释】

①郗超:字景兴,一字嘉宾,高平金乡人。东晋末年,桓温辟为掾,后任临海太守。 ②愔:郗愔,字方回,郗超之父,晋元帝时为黄门侍郎,简文帝辅政时任光禄大夫,加散骑常侍,出为辅国将军、会稽内史。 ③不知之:《晋书》作"不令知之",郗超不让其父知道自己反叛之事。 ④石碏:春秋时卫国大夫,卫桓公十六年,州吁弑桓公自立,其子石厚参与此事,石碏执杀之。人称其能"大义灭亲"。

【点评】

苏轼认为,郗超虽然担忧其父为己之死而悲痛伤身,但这只是小人的孝,君子之孝是不贻父母之忧,即孔子说的"父母唯其疾之忧"。郗超跟随桓温叛乱,陷其父于危险、不义的境地,这是大不孝。且人子之孝与事君之忠是相通的,《论语》说:"其为人也孝悌,而好犯上者鲜矣。不好犯上,而好作乱者,未之有也。"

论桓范、陈宫①

司马懿讨曹爽,桓范往奔之。懿谓蒋济曰:"智囊往矣!"济曰:"范则智矣,驽马恋栈豆②,必不能用也。"范说爽移车驾幸许昌,招外兵,爽不从。范曰:"所忧在兵食,而大司农印在吾许③。"爽不能用。陈宫、吕布既擒,曹操谓宫曰:"公台平生自谓智有余,今日何如?"宫曰:"此子不用宫言,不然,未可知也!"仆尝论此二人:吕布、曹爽,何人也?而为之用,尚何言知!臧武仲曰:"抑君似鼠。"④此之谓智。元祐三年九月十八日书。

【注释】

①桓范:字元则,沛国人,延康元年(220)为羽林左监。有文才,与刘劭、王象等共撰《皇览》,并著有《桓范新书》。明帝时任中领军、尚书、征虏将军、东中郎将、兖州刺史。人多智谋,被称为"智囊"。正始年间任大司农,司马懿攻打曹爽,令桓范接管曹爽的军队,桓范不从,投奔曹爽。后劝曹爽挟皇帝前往许昌,招全国之兵攻打司马懿,曹爽不能听。曹爽为司马懿所杀,桓范一并被诛。陈宫:字公台,曾为曹操属下,后投吕布,为其帐下谋士。吕布战败,陈宫为曹操所杀。 ②驽马恋栈豆:顽劣之马贪恋马厩里的豆料,比喻平庸的人没有远见,只看重蝇头小

利。此处指桓范。 ③汉代大司农之职,掌管钱粮。 ④此典故出自臧武仲将齐侯比作老鼠,激怒齐侯的事。臧武仲:名纥,鲁国大夫,以多智闻名。后出逃至齐国,齐侯欲赐以田邑,臧武仲知其必败,故意在交谈中将齐侯比作老鼠,激怒齐侯,以此避祸。《左传·襄公二十三年》:"齐侯将为臧纥田。臧孙闻之,见齐侯。与之言伐晋。对曰:'多则多矣!抑君似鼠。夫鼠昼伏夜动,不穴于寝庙,畏人故也。今君闻晋之乱而后作焉。宁将事之,非鼠如何?'乃弗与田。"抑:但是。

【点评】

俗论以为,桓范、陈宫本多智有才,可惜明珠暗投,错逢其主而遭不幸,苏轼则说二人既不善察人,又不知避祸,不可谓有智之士。

录温峤问郭文语①

温峤问郭文曰:"人皆有六亲相容,先生弃之,何乐?"文曰:"本行学道,不谓遭世乱,欲归无路耳。"又曰:"饥思食,壮思室②,自然之理,先生独无情乎?"曰:"情由忆生,不忆故无情。"又问:"先生独处穷山,死为乌鸢所食,奈何?"曰:"埋藏者食于蝼蚁,复何异?"又问:"猛虎害人,先生独不畏耶?"曰:"人无害兽心,则兽亦不害人。"又问:"世不宁则身不安,先生不出济世乎?"曰:"非野人之所知也。"予尝监钱塘郡,游余杭九镇山,访大涤洞天③,即郭生之旧隐。洞大,有巨鼋,深不可测,盖尝有敕使投龙简云④。戊寅九月七日书。

【注释】

①温峤：字泰真，东晋名将，太原祁县人，任江州太守，参与平定王敦、苏峻的叛乱。拜骠骑将军、开府仪同三司，封始安郡公。郭文：字文举，河内轵人，东晋时期的隐士。　②壮思室：年壮则思男女之事。③大涤洞天：郭文晚年隐居于此。宋人邓牧《大涤洞天记》："大涤玄盖洞天天柱福地，在杭州余杭县南一十八里。郡志云：'汉武帝元封三年始建宫坛于大涤洞前，投龙简为祈福之所。'"　④投龙简：由皇帝亲自书写祝祷文书，遣使投之于名山大川，以求神灵赐福。

【点评】

温峤问郭文何以隐居，这正是千年来儒家思想与道、佛二教歧异的关键之处。儒家对出家的态度是：一、出家悖逆人伦；二、出家有违人情；三、出家的目的是避世、保身，但正确的做法应当是入世、济众。在温峤与郭文这场典型的儒、道对话中，郭文的回答难以服人，在理据和气势上都输给了温峤。

刘伯伦①

刘伯伦常以锸自随，曰："死即埋我。"②苏子曰，伯伦非达者也，棺椁衣衾，不害为达。苟为不然，死则已矣，何必更埋！

【注释】

①刘伯伦：刘伶，字伯伦，魏晋间名士，竹林七贤之一。刘伶好酒，

曾作《酒德颂》。 ②《晋书》："刘伶初不以家产有无介意。常乘鹿车，携一壶酒，使人荷锸而随之，谓曰：'死便埋我。'"锸（chā）：铁锹。

【点评】

苏轼说，刘伶的旷达不够彻底，假如真的旷达至此，那么死则死矣，连负锸自随以埋也没必要了，"死即埋我"这句话正说明他还是有所在意的。既然如此，又何必嫌棺椁衣衾为负累呢？

房琯陈涛斜事①

房次律败于陈涛斜，杀四万人，悲哉！世之言兵者，或取《通典》②，《通典》虽杜佑所集，然其源出于刘秩③。陈涛之败，秩有力焉④。次律云："热洛河虽多⑤，安能当我刘秩！"挟区区之辨以待热洛河，疏矣。

【注释】

①房琯：字次律，河南（治今河南洛阳）人，历任校书郎、冯翊县尉、卢氏县令、监察御史、给事中、刑部侍郎，安史之乱随玄宗入蜀。肃宗即位，房琯投奔肃宗，被委任平叛，因不懂军事，大败于陈涛斜，官军死亡四万人。 ②《通典》：唐杜佑撰，叙历代典章制度的沿革变迁，从远古黄帝起，到唐玄宗天宝末年，分为九类，以食货居首，次以选举、职官、礼、乐、兵、刑、州、郡、边防，每类又各分子目。 ③刘秩：字祚卿，徐州彭城人，刘知几第四子。开元末，历左监门卫录事参军事，迁宪部员外郎。著有《政典》三十五卷，《止戈记》七卷，《至德新议》十二

卷，《指要》三卷。以上著作为杜佑《通典》所收。 ④秩有力焉：刘秩当为陈涛斜之败负责。房琯陈涛斜之战，以刘秩为主将。 ⑤热洛河：胡人语"曳落河"之误，即战士。安史之乱叛军多为胡人，《资治通鉴》："曳落河者，胡言壮士也。"

【点评】

房琯本为一文人，不通军事，又重用只会纸上谈兵的刘秩，轻敌出战，故有此败。

张华《鹪鹩赋》①

阮籍见张华《鹪鹩赋》，叹曰："此王佐才也②！"观其意，独欲自全于祸福之间耳，何足为王佐乎？③华不从刘卞言④，竟与贾氏之祸，畏八王之难，而不免伦、秀之虐。此正求全之过，失《鹪鹩》之本意。

【注释】

①张华：字茂先，范阳人，少好文义，博览群书。为太常博士，转兼中书郎。后诏加右光禄大夫，封壮武郡公，迁司空，因卷入西晋末年的八王之乱，为孙秀、赵王伦所害。 ②王佐才：辅佐帝王之才。 ③张华《鹪鹩赋》有"形微处卑，物莫之害，繁滋族类，乘居匹游，翩翩然有以自得"、"将以上方不足，而下比有余"等句，故苏轼说其意为避祸自全。 ④刘卞：字叔龙，东平须昌人，任吏部令史，改任齐王司马攸司空主簿，转任太常丞、司徒左西曹掾、尚书郎，入朝任左卫率。刘卞知道贾

后欲废太子，曾为张华出计，不被采用，因畏惧贾后加害，自杀。

【点评】

张华作《鹪鹩赋》"欲自全于祸福之间"，但其自全之意太过，乃至不能用刘卞之计阻止贾后废太子，后来在八王之乱中又不够果断坚决，反为赵王所害。张华虽刻意自全而终不能自全，与其《鹪鹩赋》之本意相反了。

王济、王恺①

王济以人乳蒸豚。②王恺使妓吹笛，小失声韵便杀之，使美人行酒，客饮不尽，亦杀之。③时武帝在也，而贵戚敢如此，知晋室之乱也久矣。

【注释】

①王济：王浑之子，历官中书郎、骁骑将军，累迁侍中。王恺：曹魏司徒王朗之孙，名儒王肃第四子，又为晋武帝司马炎的舅舅，曾与石崇斗富。 ②王济奢侈，《晋书·王浑传》云："帝尝幸其宅，供馔甚丰，悉贮琉璃器中。蒸肫甚美，帝问其故，答曰：'以人乳蒸之。'帝色甚不平，食未毕而去。"豚：小猪。 ③《晋书·王敦传》记载："时王恺、石崇以豪侈相尚，恺尝置酒，敦（王敦）与导俱在坐，有女伎吹笛小失声韵，恺便驱杀之，一坐改容，敦神色自若。他日，又造恺，恺使美人行酒，以客饮不尽，辄杀之。酒至敦、导（王导）所，敦故不肯持，美人悲惧失色，而敦傲然不视。"

【点评】

西晋统一天下才十九年，贵胄之家就已经堕落到如此荒淫残忍，难怪其亡也忽焉了。

王夷甫①

王夷甫既降石勒②,自解无罪,且劝僭号。其女惠风为愍怀太子妃③,刘曜陷洛④,以惠风赐其将乔属⑤。将妻之,惠风杖剑大骂而死。乃知王夷甫之死,非独惭见晋公卿,乃当羞见其女也。

【注释】

①王夷甫:王衍,字夷甫,琅邪人,西晋时期著名的玄学家,出身名门士族,永康时期任宰相,永嘉之乱中,王衍奉东海王司马越灵柩返回东海,途中为石勒俘获,王衍为自己脱罪,且谄媚石勒,劝其称帝,为石勒所杀。 ②石勒:羯族,曾为晋人的奴佣,西晋末年爆发八王之乱,石勒追随牧帅汲桑投靠公师藩,替成都王司马颖攻打东海王司马越,在此过程中石勒借机崛起,后来陆续消灭掉其他割据势力,建立了以羯族人为主体的后赵政权。 ③惠风:王衍之女,聘为晋惠帝太子司马遹(后被废)的太子妃。 ④刘曜:匈奴人,五胡十六国中匈奴汉国的建立者刘聪的养子,登基为帝,改国名为赵,史称前赵,后为石勒俘杀。 ⑤刘曜攻陷洛阳,将惠风强行配与其将乔属,惠风不从,被杀。

【点评】

堂堂国之宰相,学识、文章名贯天下,却临难苟且,气节乃不如一女子。孔子云"行有余力,则以学文",真乃千古不易之言。

卫瓘欲废晋惠帝

晋惠帝为太子，卫瓘欲陈启废立之策而未敢发。会燕凌云台①，瓘托醉跪帝前，曰："臣欲有所启。"欲言之而止者三，因拊床曰："此坐可惜！②"帝意乃悟，曰："公真大醉。"贾后由是怨之。此何等语，乃于众中言之，岂所谓"不密失身"者耶？以瓘之智，不宜暗此③，殆邓艾之冤④，天夺其魄尔⑤。

【注释】

①会燕：会宴。凌云台：魏文帝所筑的楼台，在今河南漯河郾城区西北三十里新店镇台王村。　②意为晋武帝司马炎传位于惠帝可惜。　③暗：不明，糊涂。　④邓艾之冤：卫瓘参与平蜀之战，灭蜀后，为监军，监视魏将钟会、邓艾，因对邓艾不满，遂与钟会一道诬陷邓艾谋反，并将邓艾逮捕。后钟会造反，卫瓘又攻杀钟会。卫瓘将邓艾解送洛阳，内心不安，又担心发生变故，于是在路途中将邓艾杀死。　⑤天夺其魄：上天使其失魂落魄，丧失了智力。

【点评】

文中说邓艾之冤屈，使得上天夺其（卫瓘）魄，令其在日后策划废除太子之时有失周密，最终导致自身的败亡。

裴頠对武帝①

晋武帝探策②，岂亦如签也耶？惠帝不肖，得一，盖神以实告。③裴頠谄对④，士君子耻之，而史以为美谈，鄙哉！惠、怀、愍皆不终⑤，牛系马后⑥，岂及亡乎！

【注释】

①裴頠：西晋时期的朝臣，曾任散骑常侍、国子祭酒兼右军将军、尚书左仆射。裴頠也是名士、玄学家，主张"崇有论"。 ②探策：即求签，一种占卜方式。晋武帝占求签卜，问自己能传几世，得签为一，即一世。意为只传一世到自己的儿子惠帝，惠帝将是亡国之君。《世说新语·言语》："晋武帝始登阼，探策得一。王者世数，系此多少。帝既不说，群臣失色，莫能有言者。侍中裴楷进曰：'臣闻天得一以清，地得一以宁，侯王得一以为天下贞。'帝说，群臣叹服。" ③武帝之子惠帝不成材，会葬送司马家的江山，这与武帝本来对惠帝的看法是比较符合的，也与后来的史实一致，所以说这是神以实情向武帝相告。 ④谄对：以谄媚之言对答。按：进言晋武帝的是裴頠的叔父裴楷，此处苏轼记忆有误。 ⑤惠、怀、愍皆不终：西晋末年，惠帝司马衷被东海王司马越毒死，晋怀帝司马炽、愍帝司马邺都为匈奴人刘聪所杀。 ⑥牛系马后：牛继马后，魏晋时谶语，谓以牛姓代司马氏继承帝位。东晋开国皇帝司马睿是牛氏之子，不是司马氏的血脉，正好应验了这句谶语。

【点评】

裴楷谄对，士君子耻之，而史书却以为美谈，可见对于史实的是非对错,存在着官方与士大夫公议两套不同的评价体系。

刘凝之、沈麟士①

《南史》:刘凝之为人认所着履,即与之,此人后得所失履,送还,不肯复取。又沈麟士亦为邻人认所着履,麟士笑曰:"是卿履耶?"即与之。邻人得所失履,送还,麟士曰:"非卿履耶?"笑而受之。此虽小事,然处事当如麟士,不当如凝之也。

【注释】

①刘凝之:字志安,小名长年,南郡枝江人。南朝刘宋时期的隐士。沈麟士:字云祯,南朝萧齐时期的学者。

【点评】

刘凝之与沈麟士都有着履为他人错认之事,但二人的反应有所不同,刘凝之不肯接受他人后来归还,貌似慷慨,实则有厌弃不洁之嫌,沈麟士却笑而受之,落落大方,与物无所拂逆,更得老庄真意。

柳宗元敢为诞妄①

柳宗元敢为诞妄,居之不疑。吕温为道州、衡州,及死,二州之人哭之逾月,客舟之过于此者,必呱呱然。②虽子产不至此,温何以得之!其称温之弟恭亦贤豪绝人者,又云恭之妻裴延龄之女也。

孰有士君子肯为裴延龄婿者乎③？柳宗元与伾、叔文交④，盖亦不差于延龄姻也⑤。恭为延龄婿不见于史，宜表而出之，见宗元文集恭墓志云。

【注释】

①诞妄：虚诞不实。　②此句出于柳宗元《唐故衡州刺史东平吕君诔》："君之卒，二州之人哭者逾月。湖南人重社饮酒，是月上戊，不酒去乐，会哭于神所而归。余居永州，在二州中间，其哀声交于北南，舟船之下上，必呱呱然，盖尝闻于古而睹于今也。"吕温：字和叔，河东人，历官尚部员外郎、户部员外郎、司封员外郎、刑部郎中。唐宪宗元和三年（808）秋，贬道州刺史，后徙衡州，有政声，人称"吕衡州"。　③裴延龄：河东人，德宗时卢杞为宰相，擢为膳部员外郎、集贤院直学士，改祠部郎中。贞元八年（792）以户部侍郎判度支，掌管财赋，以刻剥闻名。《旧唐书》记载："延龄既锐意以苛刻剥下附上为功，每奏对际，皆恣骋诡怪虚妄，他人莫敢言者，延龄言之不疑，亦人之所未尝闻。"又说："延龄死，中外相贺，唯德宗悼惜不已。"　④伾：王伾，杭州人，与王叔文同为太子侍读，顺宗即位后迁左散骑常侍。变法失败后，被贬为开州司马，病卒。叔文：王叔文，越州山阴人，善围棋，为翰林待诏，后为太子李诵侍读，常为太子言民间疾苦，德宗死，太子即位为顺宗，授叔文翰林待诏兼度支使、盐铁转运使。王叔文联合王伾、刘禹锡、柳宗元等人，推行政治改革，这就是"永贞革新"。后宦官拥立宪宗登基，逼迫顺宗内禅退位，王叔文被贬、赐死。　⑤不差于延龄姻：柳宗元与伾、叔文交结，此事虚妄的程度不差于称誉吕恭与裴延龄通婚。

【点评】

此文批评柳宗元作文、为人有虚妄不实之病。苏轼举了三个例子：其一，吕温在道州、衡州为官，虽然深得民心不假，但柳宗元《唐故衡州刺史东平吕君诔》说吕温死后二州人民"哭者逾月"、"舟船之下上，必呱呱然"云云，就明显失实了。其二，吕恭与士林中名声很差的裴延龄结亲，娶其女为妻，柳宗元在给吕恭撰写的墓志中却称赞吕恭贤豪过人，还对吕、裴两家结亲津津乐道，唯恐人所不知。其三，柳宗元与王叔文、王伾等人交结，并因此被贬为永州司马，这也反映出柳宗元为人处事的一些缺点。按：王叔文、王伾在《旧唐书》中被写成是奸邪小人，故苏轼有此论。

卷五

论古

武王非圣人

武王克殷，以殷遗民封纣子武庚禄父，使其弟管叔鲜、蔡叔度相禄父治殷。武王崩，禄父与管、蔡作乱，成王命周公诛之，而立微子于宋。①

苏子曰：武王非圣人也。昔孔子盖罪汤、武，顾自以为殷之子孙而周人也，故不敢。②然数致意焉③，曰："大哉，巍巍乎，尧、舜也！""禹，吾无间然。"其不足于汤、武也亦明矣，曰："《武》尽美矣，未尽善也。"④又曰："三分天下有其二，以服事殷，周之德，其可谓至德也已矣。"⑤伯夷、叔齐之于武王也，盖谓之弑君，至耻之不食其粟，而孔子予之⑥，其罪武王也甚矣。此孔氏之家法也，世之君子苟自孔氏，必守此法。国之存亡，民之死生，将于是乎在，其孰敢不严？而孟轲始乱之，曰："吾闻武王诛独夫纣，未闻弑君也。"⑦自是学者以汤、武为圣人之正若当然者，皆孔氏之罪人也。使当时有良史如董狐者⑧，南巢之事必以叛书⑨，牧野之事必以弑书⑩。而汤、武仁人也，必将为法受恶。周公作《无逸》曰："殷王中宗，及高宗，及祖甲，及我周文王，兹四人迪哲。"⑪上不及汤，下不及武王，亦以是哉？⑫文王之时，诸侯不求而自至，是以受命称王，行天子之事，周之王不王，不计纣之存亡也。⑬使文王在，必不伐纣，纣不见伐而以考终⑭，或死于乱，殷人立君以事周，命为二王后以祀殷，君臣之道，岂不两全也哉！武王观兵于孟津而归，纣若改过，否则殷人改立君，武王之待殷亦若是而已矣。⑮天下无王，有圣人者出而天下归之，圣人所以不得辞也。而以兵取之，而放之，而杀之，可乎？汉末大乱，豪杰并起。荀文若⑯，圣人之徒也，以为非曹操莫与定海内，故起而佐之。所以与操谋者，皆王者之事也，文若岂教操反者哉？以仁义救天下，天下既平，神器自至，将不得已而受之，不至不取也，此文王之道，文若之心也。及操谋九锡⑰，则文若死之，故吾尝以文若为圣人之徒者，以其才似张子房而道似伯夷也。

杀其父，封其子，其子非人也则可，使其子而果人也⑱，则必死之。楚人将杀令尹子南，子南之子弃疾为王驭士⑲，王泣而告之。既杀子南，其徒曰："行乎？"曰："吾与杀吾父，行将焉入？""然则臣王乎？"曰："弃父事仇，吾弗忍也！"遂缢而死。武王亲以黄钺诛纣⑳，使武庚受封而不叛，岂复人也哉？故武庚之必叛，不待智者而后知也。武王之封，盖亦有不得已焉耳。殷有天下六百年，贤圣之君六七作，纣虽无道，其故家遗民未尽灭也。三分天下有其二，殷不伐周，而周伐之㉑，诛其君，夷其社稷，诸侯必有不悦者，故封武庚以慰之，此岂武之意哉？故曰：武王非圣人也。

【注释】

①武王姬发伐纣，杀之，灭商。仍封纣之子武庚（禄父）于殷故都，将殷民交由武庚管理，同时将自己的弟弟管叔鲜、蔡叔度、霍叔处封于朝歌附近的邶、鄘、卫三国，称为"三监"，以辅助、监视武庚。武王死，周公摄政，武庚勾结三监作乱，被周公平定。其后，周公封武庚的伯父微子启于宋（在今河南商丘一带），以奉商祀。周公：名旦，武王姬发之弟，为周朝

平定叛乱、制礼作乐，摄政七年后，归位于武王之子成王。　②孔子的六世祖为宋国大夫孔父嘉，为宋愍公之后，远祖为宋国第二个国君微仲衍，殷纣王的庶兄，故孔子为殷商后人。孔父嘉被华督所杀，其子木金父逃奔鲁国，五代而有孔子。鲁国为周公封地，故孔子又为周人。文中指出，孔子既是周人，又是殷商后裔，故虽然怪罪商汤、周武王，但顾忌这一点，不说二人的坏话。　③孔子向尧、舜表达敬意，说二人巍巍其大；对于禹，没有什么好说的了（无可挑剔）。见《论语·泰伯》。　④《论语·八佾》："子谓《韶》：'尽美矣，又尽善也。'谓《武》：'尽美矣，未尽善也。'"孔子认为歌颂舜的音乐《韶》从内容到形式都尽善尽美，而歌颂武王伐纣的音乐《武》从形式上说很完美了，但内容上尚未尽善（因为表现了杀伐）。舜时举贤禅让，武王以武力取天下，故孔子有此高下褒贬。　⑤周文王姬昌为西伯而有圣德，当时殷纣荒淫，天下诸侯三分之二已归于周，周文王仍然臣服于殷商，未起兵伐纣，孔子因此称赞周文王有"至德"。见《论语·泰伯》。　⑥孔子予之：孔子称许他。在《论语》中，孔子多次称赞伯夷、叔齐，说伯夷、叔齐"古之贤人也"（《雍也》），"不降其志，不辱其身"（《微子》），"伯夷、叔齐不念旧恶，怨是用希"（《公冶长》）。　⑦苏轼认为，孟子所提的"诛独夫"违背了孔子的教诲。"诛独夫纣"：出自《孟子·梁惠王下》，孟子认为国君如果像夏桀、殷纣那样无道，那么臣民造反就不是"弑君"，而只是诛一独夫。独夫：背离众人的孤家寡人。　⑧董狐：春秋时期晋国的史官。晋灵公无道残民，大夫赵盾屡次进谏不听，反而欲加害赵盾。鲁宣公二年，赵盾出逃至晋国边境，此时其族弟赵穿发兵杀死灵公，赵盾听闻后即从国境返回。董狐在史书中记载说："赵盾弑其君。"宣示于朝中。赵盾辩解自己并没有参与此事，董狐反驳他说："子为正卿，亡不越竟，反不讨贼，非子而谁？"认为赵盾逃亡没有越境（未出国境，就仍然对君主负有责任），也没有追讨赵穿弑君之罪

(可见其内心认同赵穿弑君之行)。因此可以说国君是赵盾所弑。孔子称赞董狐说:"董狐古之良史也,书法不隐。"董狐被认为是秉笔直书的良史。 ⑨南巢:商汤放夏桀之地。 ⑩牧野:武王伐纣,与纣王的军队决战之处。 ⑪引自《尚书·无逸》。殷王中宗:殷王太戊,名密。高宗:殷王武丁,名昭。祖甲:名载。三人都是殷商的圣明之君。四人迪哲:孔颖达疏:"此四人者皆蹈明智之道以临下民。" ⑫苏轼认为,周公没有赞美商汤与武王,是因为二人以臣弑君、以下犯上。 ⑬周文王时,诸侯纷纷前来归顺于周,文王实际上已行天子之事,但是并不急于征讨殷商,因为周在名义上还是商的臣,有君臣之道尚存。 ⑭以考终:享尽天年,此处比喻殷商气数自尽,不由外力消灭。《尚书·洪范》:"五曰考终命。"孔传:"各成其长短之命以自终,不横夭。" ⑮武王伐纣,自孟津渡黄河而北进。苏轼认为武王不当渡河进兵,应该止于在孟津阅兵、向殷纣展示武力之后就返回。这样令殷纣有机会改正自己的错误,或等待殷人自己更换君主。观兵:阅兵。 ⑯荀文若:荀彧,字文若。颍川颍阴人,汉末、三国时期曹操的主要谋士,被曹操称为"吾之子房",官至侍中、尚书令。后来曹操称魏公,荀彧反对说:"本兴义兵以匡朝宁国,秉忠贞之诚,守退让之实;君子爱人以德,不宜如此。"引起曹操的反感和猜忌。后郁郁而终(一说被迫自尽而死)。 ⑰操谋九锡:指曹操接受汉献帝的九锡之礼,以及称魏公之事。后世通常将大臣逼迫帝王赏赐九锡视为将行篡逆的表现。九锡(cì),古代天子给予诸侯的最高赏赐,为九种器物:车马、衣服、乐县、朱户、纳陛、虎贲、斧钺、弓矢、秬鬯。锡,通"赐"。 ⑱果人:果断坚决之人。 ⑲子南:楚庄王之子,为楚国令尹。楚康王杀子南,子南之子弃疾为康王御车,以为既不能出走,也不能复事康王,遂自杀。事见《左传·襄公二十二年》。驭士:即御士,驾驭马车之士。 ⑳武王伐纣,以黄钺斩纣王之首。 ㉑当周占据天下三分之二时，殷商并未去讨伐周，但周却率先讨伐殷商。

【点评】

关于武王伐纣是不是弑君的问题，早在汉初，辕固生与黄生就对此发生过争论，但因为话题有可能引出汉朝的合法性问题（由此类推，刘邦推翻秦朝也是弑君），辩论被汉景帝制止。苏轼论证"武王非圣人"的依据有三：其一，周公、孔子多次称许前代圣君，却从未赞颂过武王之德，把周武王说成圣人始于孟子，这不是周、孔的本意；其二，武王既然已杀纣王，明知道纣王之子武庚不服，还要封其于殷地，最后武庚果然反叛，足见武王无圣人之智；其三，武王封武庚可能也是出于无奈，意在安抚殷人以及殷商的属国，无论如何，此举都不是出于武王自身的宅心仁厚。因此，综上所述，武王并不具备圣人之德，"武王非圣人"。最后，苏轼给武王想出的办法是：武王到孟津那里向殷商阅兵示威，然后返回周地，等待纣王自然死亡或者被殷人废黜，这样，武王就避免了"弑君"、"造反"之恶，成就了自己圣人的美名。但等待纣王自己老死，坐视殷民在水深火热中煎熬，这是圣明之君所当为吗？且武王不去伐纣，而是等待殷人自己改立新君，但殷人也要为此承担弑君之罪，武王弑君与殷人弑君二者有何不同呢？

周东迁失计①

太史公曰："学者皆称周伐纣，居洛邑，其实不然。武王营之，成王使召公卜居九鼎焉，而周复都丰、镐。至犬戎败幽王，周乃东徙于洛。"②

苏子曰：周之失计，未有如东迁之缪者也。自平王至于亡，非有大无道者也。顾王之神圣③，诸侯服享，然终以不振，则东迁之过也。昔武王克商，迁九鼎于洛邑，成王、周公复增营之，周公既没，盖君陈、毕公更居焉④，以重王室而已，非有意于迁也。周公欲葬成周，而成王葬之毕⑤，此岂有意于迁哉？

今夫富民之家，所以遗其子孙者，田宅而已。不幸而有败，至于乞假以生可也，然终不可议田宅⑥。今平王举文、武、成、康之业而大弃之，此一败而鬻田宅者也⑦。夏、商之王，皆五六百年，其先王之德无以过周，而后王之败亦不减幽、厉⑧，然至于桀、纣而后亡。其未亡也，天下宗之，不如东周之名存而实亡也。是何也？则不鬻田宅之效也。

盘庚之迁也，复殷之旧也。⑨古公迁于岐⑩，方是时，周人如狄人也，逐水草而居，岂所难哉？卫文公东徙渡河⑪，恃齐而存耳。齐迁临菑⑫，晋迁于绛、于新田⑬，皆其盛时，非有所畏也。其余避寇而迁都，未有不亡；虽不即亡，未有能复振者也。春秋时楚大饥，群蛮叛之，申、息之北门不启。⑭楚人谋徙于阪高，蒍贾曰："不可。我能往，寇亦能往。"⑮于是乎以秦人巴人灭庸⑯，而楚始大。苏峻之乱⑰，晋几亡矣，宗庙宫室尽为灰烬。温峤欲迁都豫章，三吴之豪欲迁会稽，将从之矣，独王导不可，曰："金陵，王者之都也。王者不以丰俭移都，若弘卫文大帛之冠⑱，何适而不可？不然，虽乐土为墟矣。且北寇方强，一旦示弱，窜于蛮越，望实皆丧矣！"乃不果迁，而晋复安。贤哉导也，可谓能定大事矣！嗟夫，平王之初，周虽不如楚强，顾不愈于东晋之微乎？使平王有一王导，定不迁之计，收丰、镐之遗民，修文、武、成、康之政，以形势临东诸侯，齐、晋虽强，未敢贰也，而秦何自霸哉？魏惠王畏秦,迁于大梁;楚昭王畏吴,迁于郢;顷襄王畏秦,迁于陈;考烈王畏秦,迁于寿春:皆不复振,有亡征焉⑲。东汉之末,董卓劫帝迁于长安⑳,汉遂以亡。近世李景迁于豫章㉑,亦亡。故曰:周之失计,未有如东迁之缪者也㉒。

【注释】

①周幽王十一年(前771),申侯联合缯国、犬戎攻打周幽王,攻入西周都城镐京,杀死幽王,西周灭亡。诸侯共同拥立其子姬宜臼继位,为周平王,因镐京残破,且为避犬戎侵扰,周平王迁都洛邑,史称东周。 ②引自《史记·周本纪》,引文与原文略有出入。此段指出,学者以为洛邑为周公东征所建,其实此前周武王就已亲自经营洛邑。召公:名奭(shì),为武王的兄弟。九鼎:相传为夏禹集九州所贡之铜所铸造,是国家权力的象征,后商灭夏,为殷商所得,武王灭商,将九鼎向天下人展示,周成王时,将九鼎迁移安放于洛邑。 ③頾(zī)王:即周灵王,名泄心,是周简王之子,东周第十一代君主。相传其生而有髭,故名頾王。《左传·昭公二十六年》:"在定王六年,秦人降妖,曰:'周其有頾王,亦克能修其职,诸侯服享,二世共职。王室其有间王位,诸侯不图,而受其乱灾。'" ④君陈:即周平公,名陈,周公姬旦次子。周公死后,成王命君陈在成周洛邑居住。毕公:名高,周武王之弟,受封于毕(今陕西咸阳附近),故名毕公。周康王时迁于成周。《尚书·毕命》:"惟周公克慎厥始,惟君陈克和厥中,惟公(毕公)克成厥终。三后协心,同底于道。" ⑤据《史记》,周公死后葬于毕地。 ⑥不可以出卖祖先留给的田宅。 ⑦鬻(yù):古同"鬻",卖。 ⑧厉:周厉王,名胡,以残暴著名,他奢侈专横,还禁止人民议论,找来卫国巫师监视众人,民有敢议论者杀之,名之为"弭谤"。人们不敢说话,只能"道路以目"。后来国人无法忍受,起来攻击周厉王,他逃到彘地(今山西霍州东北),最终死于彘地。 ⑨盘庚即

位之初，商都城在奄（今山东曲阜），盘庚将都城迁到商人的故地亳（今河南商丘），后又迁到殷（今河南安阳）。因此商也称为殷商。　⑩因受狄人逼迫，周文王的祖父古公亶父率周族人由豳地迁到岐山下的周原。古公亶父后来被称为周太王。　⑪卫文公：初名辟疆，后改名毁，是卫宣公之孙。鲁闵公二年（前660），狄人攻打卫国，杀死卫懿公，毁先后避难至齐国、宋国。卫戴公即位，同年死。毁继任卫国国君，谥号文公。　⑫齐献公元年，齐国将都城从薄姑迁于临淄。　⑬晋穆公将都城从曲沃迁至绛，晋景公十五年（前585）迁都新田。　⑭申：申国，指东申国，楚国的附属国。息：息国，姬姓诸侯，在今河南息县，春秋初期为楚文王所灭，置县。申国与息国相邻，楚国发生饥荒，群蛮叛乱，因此申国与息国的北门都紧闭不开。　⑮芳贾：字伯嬴，楚国司马。楚庄王三年（前611），楚国发生饥荒，群蛮发生骚乱，有人主张迁都，芳贾极力反对，并镇压了叛乱，楚国由此而渐渐强大起来。　⑯庸：古国名，建都上庸，在今湖北竹山西南，后被楚人、秦人、巴人联合所灭。　⑰苏峻之乱：东晋成帝咸和二年（327），北方流民帅、历阳内史苏峻、镇西将军祖约以讨伐庾亮为名起兵进攻建康，次年攻破建康，后被庾亮、温峤、陶侃等人平定。　⑱大帛：粗布。卫国灭于狄，卫文公复国，厉行节俭，衣大帛之冠。　⑲魏惠王将都城从安邑（今山西夏县）迁往大梁（今河南开封）；为躲避吴国的进攻，楚昭王将都城从郢（今湖北江陵）迁至鄀（今湖北宜城）；战国末期，楚国的顷襄王将楚国都城迁至陈地（今河南淮阳）；楚考烈王即位，将都城由陈地迁往寿春（今安徽寿县）。亡征：灭亡的征象。　⑳汉献帝初平元年（190），反董卓的关东联军逼近洛阳，西凉军阀董卓将汉献帝从洛阳挟持至长安。　㉑李景：当为李璟，南唐中主。因为都城金陵距北方太近，受到后周的压迫，建隆二年（961）二月，南唐迁都洪州（治今江西南昌）。洪州古属豫章郡。　㉒缪：谬。

【点评】

周平王东迁，周朝的国运由此走向衰微，王事凌夷，礼崩乐坏，诸侯坐大，经春秋战国，终亡于嬴秦之手。苏轼引用自周、汉以来一直到五代十国时期许多迁都导致亡国的事例，提出了"迁都亡国论"。历史常常是吊诡的，苏轼死后仅仅二十多年，宋朝就重演了周朝亡国的悲剧，虽然由东迁变为南迁，但结局是一样的。苏轼此文不幸一语成谶，令人唏嘘。

秦拙取楚①

秦始皇帝十八年，取韩；二十二年，取魏；二十五年，取赵、取楚；二十六年，取燕、取齐，初并天下。

苏子曰：秦并天下，非有道也，特巧耳，非幸也。然吾以为巧于取齐而拙于取楚，其不败于楚者，幸也。乌乎，秦之巧，亦创智伯而已。②魏、韩肘足接而智伯死，秦知创智伯而诸侯终不知师韩、魏③，秦并天下，不亦宜乎！

齐湣王死，法章立，君王后佐之，秦犹伐齐也。④法章死，王建立六年而秦攻赵，齐、楚救之，赵乏食，请粟于齐，而齐不予。秦遂围邯郸⑤，几亡赵。赵虽未亡，而齐之亡形成矣。秦人知之，故不加兵于齐者四十余年。夫以法章之才而秦伐之，建之不才而秦不伐，何也？太史公曰："君王后事秦谨，故不被兵。"夫秦欲并天下耳，岂以谨故置齐也哉！吾故曰"巧于取齐"者，所以慰齐之心而解三晋之交也。齐、秦不两立，秦未尝须臾忘齐也，而四十余年不加兵者，岂其情乎？⑥齐人不悟而与秦合，故秦得以其间取三晋。三晋亡，齐盖岌岌矣。方是时，犹有楚与燕也，三国合，犹足以拒秦。秦大出兵伐楚伐燕而齐不救⑦，故二国亡，而齐亦虏不阅岁⑧，如晋取虞、虢也⑨，可不谓巧乎！二国既灭，齐乃发兵守西界，不通秦使。呜呼，亦晚矣！秦初遣李信以二十万人取楚，不克，乃使王翦以六十万攻之，盖空国而战也。⑩使齐有中主具臣⑪，知亡之无日，而扫境以伐秦，以久安之齐而入厌兵空虚之秦，覆秦如反掌也。吾故曰"拙于取楚"。然则奈何？曰："古之取国者必有数，如取龆齿也必以渐⑫，故齿脱而儿不知。"今秦易楚⑬，以为龆齿也可拔，遂抉其口，一拔而取之，儿必伤，吾指为啮⑭。故秦之不亡者，幸也，非数也。吴为三军迭出以肄楚，三年而入郢。⑮晋之平吴，隋之平陈，皆以是物也。⑯惟苻坚不然⑰，使坚知出此，以百倍之众，为迭出之计，虽韩、白不能支⑱，而况谢玄、牢之之流乎⑲！吾以是知二秦之一律也：始皇幸胜，而坚不幸耳。⑳

【注释】

①秦拙取楚：指秦消灭楚国这件事做得笨拙而不高明，秦国仅靠运气获胜。　②刬：刬艾（yì），因受惩治而畏惧，指秦吸取了历史上智伯的教训。秦国吸取智伯轻敌，被韩、魏赵联合击破的教训，故以连横之策破坏诸侯的合纵攻秦之计，分化瓦解诸侯的团结。智伯：又称智瑶，本为晋国四卿（智伯、韩康子、魏桓子、赵襄子）中最为强大的一家。后来向其他三家索取土地，赵襄子不予，智伯联合韩康子、魏桓子攻打赵襄子，包围晋阳并引水灌城。赵襄子派出张孟谈游说韩、魏两家，晓以利害，两家也担忧赵襄子被灭后自身无法抗衡智伯，于是在阵前倒戈，转而共同攻击智伯。智伯大败，被杀，其封邑也被三家瓜分。随后三家又将晋国三

分，分别成为后来的赵国、韩国与魏国。③诸侯不知仿效韩、魏抗智伯那样联合起来制秦，反为其逐一消灭。④齐襄王法章在位期间，秦国多次攻打齐国。齐湣王：也称齐闵王，在位期间和秦昭襄王相约共同称帝，秦昭襄王为西帝，齐闵王为东帝，后来齐闵王主动去帝号，并联合韩、魏、楚三国攻秦，迫使秦国求和。齐国又灭宋国，引起韩、魏等国的不满。秦国鼓动燕、韩、魏、赵一同攻齐，联军攻入齐国，齐闵王逃往莒，为楚将淖齿所杀。法章：齐闵王之子，齐国被攻破后，法章出逃，隐姓埋名，在太史敫家中为仆，齐国复国后被立为齐襄王。君王后：太史敫之女，齐襄王的王后，齐王建之母。法章在太史家为仆时与其私通，后成为其王后。⑤魏安釐王二十年（前257），秦攻赵，围邯郸二年，魏国平原君救赵，击败秦军。⑥齐襄王死后，君王后辅佐齐王建，与诸侯和睦，谨慎奉秦。齐王建统治期间，齐国四十余年未有战事。这是很不合情理的。⑦秦王政二十年（前227），秦国攻击燕国，第二年，燕国破，燕王喜逃往辽东，齐国坐视不救；二十五年（前222），秦国俘获燕王，燕亡。⑧秦王政二十六年（前221），秦国在灭韩、赵、魏、燕国之后，从燕国入境，大举进攻齐国，同年攻入临淄，齐国灭亡，秦设郡县统治齐地。燕国与齐国灭亡时间只相隔一年，故曰"不阅岁"。⑨鲁僖公五年（前655），晋献公假道虞国，出师攻伐虢国。灭虢后，在回师中灭掉虞国。秦灭燕、齐与晋灭虞、虢的过程相似。⑩秦王政二十一年（前226），秦国派遣李信、蒙武率军二十万攻击楚国，楚国派出项燕应战，在城父（今安徽亳州）大破秦军，李信逃回。秦王政二十三年（前224），秦国举国动员，征集军队六十万，以王翦为主帅再次攻打楚国，击败楚军于蕲（今安徽宿州），杀死项燕。第二年，秦国攻破楚国都城寿春（今安徽寿县），俘获楚王负刍，楚亡。⑪中主：只有中等材质的君主。具臣：备位充数之臣。⑫取龆（tiáo）齿：当指儿童换牙。龆齿，儿童八岁左右换乳牙后长出的恒齿。 ⑬秦易楚：秦国轻视楚国。 ⑭啮（niè）：咬。 ⑮周敬王九年（前511），吴国开始攻伐楚国周边的属国，做攻击楚国的准备；十三年（前507），吴、楚发生小规模的战争，楚国战败；次年，吴国与楚国在柏举（今湖北麻城境内）交战，孙武为吴国主将，在其统率下，吴国军队大败楚军，接着攻入楚国都城郢，楚昭王逃往随国。三军迭出以肄楚：指吴国在几年之内三军轮流攻击楚国，以不断消耗楚国的国力。迭出，更迭而出。肄，砍掉旧枝后长出的新树枝。 ⑯晋之平吴，隋之平陈，都是采取的三军迭出之计。晋朝灭东吴，前期工作就准备了八年，太康元年（280）正月正式进攻吴国，到第二年三月才灭吴。隋灭陈也在军事上做了长期的准备。开皇七年（587），隋军开始越境骚扰陈境，不断焚掠，消耗陈的物力财力；开皇八年（588），隋军发起总攻，第二年一月攻入建康，陈亡。 ⑰苻坚：十六国时期统一北方的前秦皇帝，氐族人，建元十八年（382），苻坚动员全国八九十万军队，企图一举消灭东晋，结果在淝水之战中被晋军击败。 ⑱韩、白：指秦末汉初时期刘邦的将领韩信、战国末年秦国的将领白起。二人之名后来成为善于用兵之名将的代称。 ⑲谢玄：字幼度，是淝水之战中担任东晋军队的前锋都督。牢之：刘牢之，谢玄的部将。 ⑳秦国与前秦相同的地方是都想举一国之力一劳永逸地消灭对手，不同的是秦国侥幸一些，而前秦的运气则太糟糕。

【点评】

苏轼这篇《秦拙取楚》，就像是为他的时代量身定做的。两宋不幸一再重演了智伯以及燕、齐等国的悲剧：先是北宋与金合击辽国，对金国不加防备，结果在辽国灭亡后被金攻灭；南宋又未吸取靖康年的前车之鉴，与强敌蒙古联合攻打金朝，金亡，蒙古立即大举攻宋，数十年后，南宋终为元世祖忽必烈所灭。北宋之于金、元，正如智伯之于韩、魏，燕、齐之于强秦。苏轼生前虽然没有见到这些事件发生,但却在冥冥中做了历史的预言。

秦废封建

秦初并天下,丞相绾等言:"燕、齐、荆地远,不置王无以镇之,请立诸子。"①始皇下其议,群臣皆以为便。廷尉斯曰:"周文、武所封子弟同姓甚众,然后属疏远,相攻击如仇雠,诸侯更相诛伐,天子不能禁止。今海内赖陛下神灵,一统皆为郡县,诸子功臣以公赋税重赏赐之,甚足易制。天下无异意,则安宁之术也,置诸侯不便。"②始皇曰:"天下共苦战斗不休,以有侯王③。赖宗庙天下初定,又复立国,是树兵也④,求其宁息,岂不难哉!廷尉议是。⑤"分天下为三十六郡,郡置守、尉、监。

苏子曰:圣人不能为时,亦不失时。时非圣人之所能为也,能不失时而已。三代之兴,诸侯无罪,不可夺削,因而君之虽欲罢侯置守,可得乎?此所谓不能为时者也。周衰,诸侯相并,齐、晋、秦、楚皆千余里,其势足以建侯树屏。至于七国皆称王,行天子之事,然终不封诸侯,不立强家世卿者,以鲁三桓、晋六卿、齐田氏为戒也⑥。久矣,世之畏诸侯之祸也,非独李斯、始皇知之。始皇既并天下,分郡邑,置守宰,理固当然,如冬裘夏葛,时之所宜,非人之私智独见也,所谓不失时者,而学士大夫多非之。汉高帝欲立六国后,张子房以为不可,世未有非之者,李斯之论与子房何异?世特以成败为是非耳。高帝闻子房之言,吐哺骂郦生⑦,知诸侯之不可复，明矣。然卒王韩、彭、英、卢⑧，岂独高帝，子房亦与焉⑨。故柳宗元曰："封建非圣人意也，势也。"⑩昔之论封建者，曹元首、陆机、刘颂⑪，及唐太宗时魏征、李百药、颜师古⑫，其后有刘秩、杜佑、柳宗元⑬。宗元之论出，而诸子之论废矣，虽圣人复起，不能易也。故吾取其说而附益之，曰：凡有血气必争，争必以利，利莫大于封建。封建者，争之端而乱之始也。自书契以来，臣弑其君，子弑其父，父子兄弟相贼杀，有不出于袭封而争位者乎？自三代圣人以礼乐教化天下，至刑措不用，然终不能已篡弑之祸。至汉以来，君臣父子相贼虐者，皆诸侯王子孙，其余卿大夫不世袭者，盖未尝有也。⑭近世无复封建，则此祸几绝。仁人君子，忍复开之欤？故吾以为李斯、始皇之言，柳宗元之论，当为万世法也。

【注释】

①此段记载见于《史记·秦始皇本纪》。秦灭六国后，丞相王绾建议秦始皇仍然仿效西周那样将子孙封建为各地诸侯。 ②李斯反对王绾的建议，认为封建之后，随着血缘的疏远，必然发生分离的趋势，后世的诸侯互相攻击，天子不能制止，不如朝廷直接任命官吏进行统治的郡县制便利。廷尉斯：李斯，字通古，楚国上蔡人。初为小吏，后师从荀子，入秦，拜为郎，上书建议秦国灭诸侯，一统天下，受到秦王嬴政的赏识。李斯积极为秦灭六国出谋划策，因功迁廷尉。秦统一后，与冯劫、王绾等上尊嬴政皇帝号，参与制定了置郡县、统一文字、度量衡等政策，拜为丞相，后为秦二世所杀。 ③以：因为。 ④树兵：造成天下兵争的根源。 ⑤廷尉（李斯）说得对。 ⑥鲁三桓：指鲁国大夫孟孙、叔孙、季孙

三家，曾经长期架空鲁君、把持鲁国朝政。晋六卿：晋国强臣赵氏、魏氏、韩氏、荀氏（智氏）、范氏、中行六家。晋定公时，赵、魏、韩、智四家攻灭范氏、中行氏，后来韩、赵、魏三家又联合消灭智氏，并瓜分晋国，周威烈王遂赐三家为诸侯。齐田氏：陈宣公二十一年（前672），陈国内乱，公子陈（田）完避祸逃至齐国，担任工正之职。田氏的势力逐渐壮大，到齐康公时，田和废黜了国君，并自立为诸侯，国号仍为齐。
⑦吐哺：吐出口中所食的肉干。郦生：郦食（yì）其（jī），汉高祖刘邦的谋士。郦食其曾建议刘邦封六国之后为诸侯，刘邦本欲采纳其策，但尚未实行，就遭到张良的反对。张良陈述不能封建诸侯的八条理由后，刘邦才醒悟过来，放弃了这个打算。《史记·留侯列传》载："汉王辍食吐哺，骂曰：'竖儒，几败而公事！'"　⑧韩、彭、英、卢：即韩信、彭越、英布、卢绾，刘邦分封的异姓王。汉初虽然延续秦朝的郡县制，但仍然建立了很多王国，刘邦除了封刘姓族人为王之外，还分封了八位异姓王，分别是楚王韩信、梁王彭越、赵王张耳、淮南王英布、燕王臧荼、长沙王吴芮、韩王信、燕王卢绾。按：燕王臧荼谋反被杀，刘邦继封卢绾为燕王。
⑨子房亦与：刘邦封王之事，张良（子房）是参与其中的。　⑩此语出自柳宗元《封建论》。　⑪曹元首：曹冏，字元首，曹魏宗室，官弘农太守，曾作《六代论》，主张实行封建制。陆机：字士衡，吴郡人，三国时吴国丞相陆逊之孙。吴亡后仕晋，先后任相国参军、平原内史，曾撰《五等诸侯论》为封建五等爵制辩护。刘颂：字子雅，广陵人，西晋时为廷尉、京兆太守、淮南相，曾上疏议请复封建，云："今诸王裂土，皆兼于古之诸侯，而君贱其爵，臣耻其位，莫有安志，其故何也？法同郡县，无成国之制故也。今之建置，宜使率由旧章，一如古典。"　⑫魏征：字玄成，巨鹿人，先后在李密、窦建德、李建成帐下为谋臣，建言直谏，都不被采用，后辅佐唐太宗，共同开创"贞观之治"的局面，被称为一代

名相。李百药：字重规，定州人，唐代史学家，著有《齐史》，太宗时上《封建论》反对恢复封建。颜师古：字籀，雍州万年人。高祖朝授中书舍人，专掌机密；太宗即位，拜中书侍郎，封琅邪县子，迁秘书监宏文馆学士。曾上《论封建表》反对恢复封建："今古异俗。文质不同，不可空采虚名，以乖实效。若即废罢州县，分为列国，无功而受封爵，庶姓而专臣吏，非直于理不合，亦自制度难成。" ⑬刘秩：唐代史学家刘知几之子，建言反对郡县制。杜佑：字君卿，京兆万年人，唐代史学家，历任济南参军、户部侍郎、淮南节度使等职，累迁至司空、同平章事。杜佑撰有二百卷的巨著《通典》，开创了史学的新体裁。《新唐书·宗室传赞》分别记载了魏征、李百药、颜师古、刘秩、杜佑、柳宗元关于封建制的言论。 ⑭汉代以来，皇室、世袭的王孙往往有谋反作乱的，但不世袭的公卿、官僚却没有这种人。

【点评】

　　典型的、完全意义上的封建制，即天子分封、诸侯建国，为西周时期开始实行，并一直沿袭到战国时期的政治制度。秦灭六国，统一天下，废除封建，以郡县制来治理国家，从此，中国古代的政治制度就以郡县制为主流。但历史上，一直有封建制优于郡县制，主张恢复封建制的观点，有影响的论者，有曹元首、陆机、刘颂、刘秩等人，而反对恢复封建的则有魏征、颜师古、杜佑、柳宗元等，其中柳宗元的《封建论》为反击恢复封建制主张中最有力的一篇，苏轼称之"当为万世法"。

论子胥、种、蠡①

越既灭吴，范蠡以为句践为人长颈乌喙②，可与共患难，不可与共逸乐，乃以其私徒属浮海而行，至于齐。以书遗大夫种曰："蜚鸟尽③，良弓藏，狡兔死，走狗烹。子可以去矣！"

苏子曰：范蠡知相其君而已④，以吾相蠡，蠡亦乌喙也。夫好货，天下之贱士也，以蠡之贤，岂聚敛积财者？何至耕于海滨，父子力作，以营千金，屡散而复积，此何为者哉？⑤岂非才有余而道不足，故功成名遂身退，而心终不能自放者乎⑥？使句践有大度，能始终用蠡，蠡亦非清净无为而老于越者也，故曰"蠡亦乌喙也"。⑦鲁仲连既退秦军⑧，平原君欲封连，以千金为寿。笑曰："所贵于天下士者，为人排难解纷而无所取也。即有取，是商贾之事，连不忍为也。"遂去，终身不复见，逃隐于海上。曰："吾与富贵而诎于人⑨，宁贫贱而轻世肆志焉⑩！"使范蠡之去如鲁连，则去圣人不远矣。呜呼，春秋以来，用舍进退未有如蠡之全者，而不足于此，吾以是累叹而深悲焉。子胥、种、蠡皆人杰，而扬雄曲士也，欲以区区之学疵瑕此三人者：以三谏不去、鞭尸、籍馆为子胥之罪，以不强谏句践而栖之会稽为种、蠡之过。⑪雄闻古有三谏当去之说，即欲以律天下士，岂不陋哉！三谏而去，为人臣交浅者言也，如宫之奇、泄冶乃可耳⑫。至如子胥，吴之宗臣，与国存亡者也，去将安往哉？百谏不听，继之以死可也。孔子去鲁，未尝一谏，又安用三？⑬父不受诛⑭，子复仇，礼也。生则斩首，死则鞭尸，发其至痛，无所择也。是以昔之君子皆哀而恕之，雄独非人子乎？至于籍馆，阖闾与群臣之罪，非子胥意也。句践困于会稽，乃能用二子，若先战而强谏以死之，则雄又当以子胥之罪罪之矣。此皆儿童之见，无足论者，不忍三子之见诬⑮，故为之言。

【注释】

①子胥：伍子胥，名员，楚大夫伍奢次子。伍奢被杀后，伍子胥经宋、郑等国奔吴，协助阖闾夺取王位。不久攻入楚都，因功封于申，故又称申胥。因劝吴王夫差拒绝越国求和被疏远，后被吴王赐剑自杀。种、蠡：文种与范蠡，原本二人都是楚人，后来成为越王勾践的谋臣。勾践灭吴后，范蠡引退，劝文种出走，致信文种曰："高鸟已散，良弓将藏，狡兔已尽，良犬就烹。"文种看后并没有出走，而是称病不上朝。有人进谗言说文种要作乱，勾践遂赐文种自尽。　②长颈乌喙：长脖子，嘴型尖，似鸟嘴。汉赵晔《吴越春秋·勾践伐吴外传》："夫越王，为人长颈乌喙、鹰视狼步，可以共患难而不可共处乐。"　③蜚鸟尽：飞鸟尽。　④相：相面。　⑤范蠡引退之后，先后迁徙到齐国海滨以及陶地，经商致富。　⑥放：安，置。　⑦谓范蠡离开越国也是无奈之举，并非恬淡名利而致。若其继续留在越国为官，难免也会成为长颈乌喙、可与共患而不可共逸乐之人。　⑧鲁仲连：又作"鲁连"、"鲁仲子"，战国时齐国人。善谋策，常周游各国，排难解纷。秦军围赵都邯郸，曾以利害进说赵平原君，劝阻尊秦昭王为帝。　⑨诎（qū）：受屈。　⑩轻世肆志：轻视世俗，放荡心志。鲁仲连帮助赵国却秦后，功成身退，隐居于海边。　⑪扬雄《法言·重黎》说伍子胥"鞭尸借馆，皆不由德，谋越谏齐不式，不能去，卒眼之"；对文种、范蠡则谴责他们之前未向越王进谏，导致勾践被困会稽。三谏不去：说伍子胥多次进谏楚王，不被听从，却不肯离开楚国。夫

差击败越国后，越王勾践请求投降，以自身入吴为臣，伍子胥多次进谏要求吴王不允越王之请，彻底灭掉越国，吴王不从。三谏，多次向君主进谏。鞭尸：伍子胥带领吴军攻入楚国后，将楚平王的尸骨挖出后鞭尸。籍馆：即借馆，吴军占领郢都后，吴王君臣纷纷霸占楚国君臣的妻室，以此羞辱楚人。《穀梁传》记："君居其君之寝，而妻其君之妻；大夫居其大夫之寝，而妻其大夫之妻。盖有欲妻楚王之母者。"《吴越春秋》记载："阖闾妻昭王夫人。伍胥、孙武、白喜亦妻子常、司马成之妻，以辱楚之君臣也。"⑫宫之奇：春秋时虞国大夫，晋国攻打虢国，向虞国提出借道，宫之奇进谏反对，不被采纳。他预料虞国必为晋国所灭，带领全族人离开了虞国。泄冶：陈国大夫，陈灵公与大夫孔宁、仪行父有荒淫之行，泄冶进谏，为孔宁、仪行父二人所杀。《左传·宣公九年》："陈灵公与孔宁、仪行父通于夏姬，皆衷其衵服以戏于朝。泄冶谏曰：'公卿宣淫，民无效焉，且闻不令，君其纳之。'公曰：'吾能改矣。'公告二子，二子请杀之，公弗禁，遂杀泄冶。"⑬齐人送女乐给鲁国季桓子，齐国君臣不朝，孔子认为鲁国无道，就离开了鲁国，周游列国。《论语·微子》："齐人归女乐，季桓子受之，三日不朝，孔子行。"⑭伍子胥之父伍奢为楚平王子建太傅，与其长子伍尚一道被楚平王无故杀害，故称伍子胥"父不受诛"。原本脱"不"字，据《东坡七集·后集》补。伍子胥之父无罪，本不该受到刑诛，但却无故被杀，这就叫作"不受诛"（诛是指合法、正当地处死人，乱杀人不能叫诛），并不是说他实际上没有被杀。原文脱"不"字，成了"受诛"，那就是说伍子胥之父被杀罪有应得了，因此不可能是"受诛"，而只能是"不受诛"。⑮见诬：被人冤枉。

【点评】

扬雄论吴越之事，既以"三谏不去"苛责伍子胥不识时务，又以"不强谏"谴责范蠡、文种未尽职守，扬雄的史论自相矛盾。实则勾践被困会稽之后才开始重用范蠡、文种，二人要是在吴、越战前就强谏，一定会被勾践所杀，果如此，扬雄又要嘲笑他们如同伍子胥"三谏不去"一样愚蠢了。

论鲁三桓①

鲁定公十三年，孔子言于公曰："臣无藏甲，大夫无百雉之城②。"使仲由为季氏宰，将堕三都③。于是叔孙氏先堕郈。季氏将堕费，公山不狃、叔孙辄率费人袭公。公与三子入于季氏之宫，孔子命申句须、乐颀下伐之，费人北，二子奔齐，遂堕费。④将堕成，公敛处父以成叛⑤，公围成，弗克。或曰："殆哉，孔子之为政也，亦危而难成矣！"孔融曰："古者王畿千里，寰内不封建诸侯。"⑥曹操疑其论建渐广，遂杀融。融特言之耳，安能为哉？操以为天子有千里之畿，将不利己，故杀之不旋踵⑦。季氏亲逐昭公，公死于外，从公者皆不敢入，虽子家羁亦亡。⑧季氏之忌刻忮害如此，虽地势不及曹氏，然君臣相猜，盖不减操也，孔子安能以是时堕其名都而出其藏甲也哉！考于《春秋》，方是时三桓虽若不悦，然莫能违孔子也。以为孔子用事于鲁，得政与民，三桓畏之欤？则季桓子之受女乐也，孔子能却之矣。⑨彼妇之口可以出走，是孔子畏季氏，季氏不畏孔子也。⑩孔子盖始修其政刑，以俟三桓之隙也哉？⑪

苏子曰：此孔子之所以圣也。盖田氏、六卿不服，则齐、晋无不亡之道；三桓不臣，则鲁无可治之理。孔子之用于世，其政无急于此者矣。彼晏婴者亦知之，曰："田氏之僭，惟礼可以已之。在礼,家施不及国,大夫不收公利。"⑫齐景公曰:"善哉,吾今而后知礼之可以为国也!"婴能知之而不能为之,婴非不贤也,其浩然之气⑬,以直养而无害,塞乎天地之间者,不及孔、孟也。孔子以羁旅之臣得政期月⑭,而能举治世之礼,以律亡国之臣,堕名都,出藏甲,而三桓不疑其害己,此必有不言而信,不怒而威者矣。孔子之圣见于行事,至此为无疑也。婴之用于齐也,久于孔子,景公之信其臣也,愈于定公,而田氏之祸不少衰,吾是以知孔子之难也。孔子以哀公十六年卒,十四年,陈恒弑其君⑮,孔子沐浴而朝,告于哀公曰:"请讨之!"吾是以知孔子之欲治列国之君臣,使如《春秋》之法者,至于老且死而不忘也。或曰:孔子知哀公与三子之必不从,而以礼告也欤?曰:否,孔子实欲伐齐。孔子既告哀公,公曰:"鲁为齐弱久矣,子之伐之,将若之何?"对曰:"陈恒弑其君,民之不予者半。以鲁之众,加齐之半,可克也。"此岂礼告而已哉?哀公患三桓之逼,尝欲以越伐鲁而去之。⑯夫以蛮夷伐国,民不予也,皋如、出公之事⑰,断可见矣,岂若从孔子而伐齐乎?若从孔子而伐齐,则凡所以胜齐之道,孔子任之有余矣。既克田氏,则鲁之公室自张,三桓不治而自服也,此孔子之志也。

【注释】

①三桓:鲁国的季孙氏、孟孙氏、叔孙氏都出自鲁桓公之后,故称三桓。

②雉:古时计算城墙面积的单位,一雉等于长三丈,高一丈。《礼记·坊记》:"都城不过百雉。"大夫之城超过百雉,是非礼、僭越的行为。 ③三都:鲁国季孙氏的费邑、孟孙氏的郕邑、叔孙氏的郈邑。 ④孔子堕费邑之城,遭到公山不狃、叔孙辄的反抗,二人率费人乘虚攻击鲁公,鲁公躲入季孙

武的宫室，后来孔子命申句须、乐颀击败公山不狃与叔孙辄。 ⑤公敛处父：郈邑宰。成：即郈邑。 ⑥孔融曾针对曹操欲得汉献帝封其为魏公一事，上奏云："宜准古王畿之制，千里寰内，不以封建诸侯。"深为曹操所忌，被其借故处死。事见《后汉书·孔融传》。孔融：字文举，孔子二十世孙，官至将作大匠、少府，多次冒犯曹操。 ⑦不旋踵：来不及转身，比喻时间很短。踵，脚后跟。 ⑧鲁昭公二十五年（前517），鲁国内乱，三桓共同攻击昭公，昭公先后逃亡到齐国、晋国，最后死在晋国的乾侯。子家羁：鲁国的贤臣。《左传·昭公五年》记载，晋国的女叔齐评论鲁昭公说："今政令在家，不能取也；有子家羁，弗能用。" ⑨苏轼意谓三桓受女乐一事孔子本来有能力阻止，这件事不会成为孔子从鲁国出走的主要原因。却：阻止。林春溥《孔门师弟年表后说》云："武叔之毁仲尼，桓子之受女乐，亦当由堕都之故。盖始患家臣之强而堕之，继闻处父之言而疑之，物必先腐而后虫入焉。使桓子不疑孔子，岂女乐所能间？" ⑩《史记·孔子世家》记载，季桓子受女乐后，孔子感慨地说："彼妇之口，可以出走；彼妇之谒，可以死败。"关于孔子去鲁的原因，苏轼认为其主要是为了躲避季桓子的迫害，清人刘光蕡也持这个观点，他在《烟霞草堂文集》卷一《孔子周游列国说》中说："孔子周游，为避祸，非为行道。" ⑪孔子堕三都失败后，整顿政治、修明刑典，等待、寻找三桓的弱点加以攻击。 ⑫晏子认为田氏（即陈氏）最终将会取代姜氏，成为齐国的国君。原文见《左传·昭公二十六年》："唯礼可以已之。在礼，家施不及国，民不迁，农不移，工贾不变，士不滥，官不滔，大夫不收公利。"原文无"田氏之僭"四字，为苏轼所加。晏婴：字仲，是春秋时期齐国著名的政治家。 ⑬浩然之气：《孟子·公孙丑》中提到，天地间有一种至大至刚的浩然之气。 ⑭孔子任鲁国的大司寇，前后只有三个月左右。文中是夸张的说法。期（jī）月：一整月。 ⑮陈恒：齐国权臣，为鲁宣公时逃难到齐国的陈国大夫陈（田）完之后。鲁哀公十四年（前481），陈恒弑齐简公。 ⑯鲁哀公受到三桓的逼迫,曾欲借越国的军队攻打三桓,后来没有成功,只好离开鲁国,流亡到越国。 ⑰皋如:护送卫出公归国的越国大夫。当时越国被中原各国认为是蛮夷,以蛮夷之力复国,不会得到民心支持,这是鲁哀公失败的原因。出公:卫国国君,因国内之乱逃至宋国,请求越国帮助其复位。卫悼公元年,越国、宋国、鲁国出兵护送卫出公返国,卫国人不纳。

【点评】

鲁定公时,鲁国君权衰微,三桓把持朝政。定公十三年(前497),孔子任鲁国大司寇,三桓的家臣公山不狃、叔孙辄、侯犯分别据费邑、郈邑、邱邑而叛乱,孔子力主攻打并拆毁三邑,此举也得到了三桓的同意。孔子派遣子路为季氏宰,先后攻下邱邑、费邑,但未能攻克郈邑。此时三桓看出孔子堕三都的根本用意是削弱三桓,恢复鲁君的权威,于是反悔,不再支持孔子,"堕三都"的行动失败了。其后,孔子也很快离开鲁国,这可能与"堕三都"造成三桓与国君的矛盾扩大化有关。

司马迁二大罪

商鞅用于秦①,变法定令,行之十年,秦民大悦,道不拾遗,山无盗贼,家给人足,民勇于公战,怯于私斗。秦人富强,天子致胙于孝公②,诸侯毕贺。

苏子曰:此皆战国之游士邪说诡论,而司马迁暗于大道,取以为史。吾尝以为迁有大罪二,其先黄老,后六经,退处士,进奸雄,盖其小小者耳。③所谓大罪二,则论商鞅、桑弘羊之功也④。自汉以来,学者耻言商鞅、桑弘羊,而世主独甘心焉,皆阳讳其名而阴用其实，甚者则名实皆宗之，庶几其成功，此则司马迁之罪也。秦固天下之强国，而孝公亦有志之君也，修其政刑十年，不为声色畋游之所败⑤，虽微商鞅⑥，有不富强乎？秦之所以富强者，孝公务本力稼之效⑦，非鞅流血刻骨之功也。而秦之所以见疾于民，如豺虎毒药，一夫作难而子孙无遗种⑧，则鞅实使之。至于桑弘羊，斗筲之才⑨，穿窬之智⑩，无足言者，而迁称之，曰："不加赋而上用足⑪。"善乎，司马光之言也！曰："天下安有此理？天地所生财货百物，止有此数，不在民则在官，譬如雨泽，夏涝则秋旱。不加赋而上用足，不过设法侵夺民利，其害甚于加赋也。"二子之名在天下者，如蛆蝇粪秽也，言之则污口舌，书之则污简牍⑫。二子之术用于世者，灭国残民覆族亡躯者相踵也，而世主独甘心焉，何哉？乐其言之便己也。夫尧、舜、禹，世主之父师也；谏臣拂士，世主之药石也；恭敬慈俭、勤劳忧畏，世主之绳约也。⑬今使世主日临父师而亲药石、履绳约，非其所乐也。故为商鞅、桑弘羊之术者，必先鄙尧笑舜而陋禹也，曰："所谓贤主，专以天下适己而已⑭。"此世主之所以人人甘心而不悟也。世有食钟乳、乌喙而纵酒色⑮，所以求长年者，盖始于何晏⑯。晏少而富贵，故服寒食散以济其欲⑰，无足怪者。彼其所为，足以杀身灭族者日相继也，得死于寒食散，岂不幸哉！而吾独何为效之？世之服寒食散，疽背呕血者相踵也⑱，用商鞅、桑弘羊之术，破国亡宗者皆是也。然而终不悟者，乐其言之美便，而忘其祸之惨烈也。

【注释】

①商鞅：战国末期卫人，又称卫鞅、公孙鞅，法家的代表人物。入秦

后,得到秦孝公重用,在秦国推行变法,废井田,开阡陌,奖励耕战,秦国因此而变得强大。秦孝公死,商鞅得罪秦惠王,被杀。　②致胙:祭祀后,把祭肉赐给对方。《史记·商君列传》:"居五年,秦人富强,天子致胙于孝公。"　③语出班固《汉书·司马迁传》,原文为"是非颇于人谬:论大道则先黄老而后六经,序游侠则退处士而进奸雄"。"先黄老而后六经",司马迁《史记·太史公自序》谈六家要旨,尊尚道家,将道家排列于儒家之前,但这部分内容其实为其父司马谈的观点。奸雄:司马迁在《史记·游侠列传》里赞颂朱家、郭解等侠士的侠义行为,班固则认为这些人是"奸雄"。"序游侠则退处士而进奸雄",苏轼认为司马迁热衷于赞扬奸雄,将他们的事迹编入《游侠列传》,却不欣赏当时一些有德的隐士,不把他们收入《史记》中。而这一切,苏轼认为只是司马迁犯的小错误而已。　④桑弘羊:西汉洛阳人,汉武帝时任侍中、大农丞、治粟都尉、大司农,主管财政,汉昭帝时任御史大夫。桑弘羊主张国家对经济、财政进行调控,辅助武帝推行算缗、告缗、盐铁官营、均输、平准、币制改革、酒榷等经济政策,增加了中央政府的财政收入。桑弘羊的经济政策遭到贤良文学的反对,他们认为这是国家"与民争利"。始元六年(前81),汉昭帝召开盐铁会议,以桑弘羊等官员为一方,以贤良文学为另一方,就国家的经济政策展开辩论。辩论结果是,大体上仍然延续国家调控经济的政策,但也对贤良文学的主张做了一些妥协让步,比如废除了酒榷,改为征税。元凤元年(前80),桑弘羊因受燕王谋反事件牵连,为霍光所杀。司马迁在《史记》中分别对商鞅、桑弘羊之策做了正面评价。　⑤畋(tián):打猎。　⑥微:没有。　⑦力穑(sè):用力于田穑。穑,耕作。　⑧秦亡,子婴被项羽所杀,秦宗室灭绝,无遗种。　⑨斗筲(shāo)之才:喻才短量浅。筲,一种竹筒。　⑩穿窬(yú):打洞穿墙行窃。　⑪司马迁称赞桑弘羊的话见于《史记·平准书》,原文为"民不益赋而天下用饶"。据《宋史》记载，"不加赋而上（国）用足"为熙宁元年（1068）王安石与司马光对话时所说，苏轼将此话套在司马迁头上，很明显在影射王安石行桑弘羊之策。 ⑫简牍：古代书写用的竹片与木片。 ⑬尧、舜、禹等圣人，可视为君主的师长；敢于进谏，纠正君主过失的大臣贤士，是君主治病的药石；恭敬慈俭，勤劳忧畏，是对君主行为的道德约束。拂（bì）士：辅佐君主的贤士。拂，同"弼"，辅助。绳约：原指绳索，引申为约束。 ⑭以天下适己：让天下人为自己服务。 ⑮钟乳：钟乳石。乌喙：即附子，中药名，有毒性。 ⑯何晏：字平叔，三国时期魏国的玄学家，与王弼一道主张以无为本，后为司马懿所杀。 ⑰寒食散：又称五石散，为一种用钟乳石、雄黄、白矾、曾青、慈石等矿石炼制的药品，据说服后令人神明开朗、体力增强，但实际上长期服用会严重损害人的健康。魏晋时期，士人流行服用寒食散，由何晏首先服用。巢元方《诸病源候论》引晋皇甫谧曰："近世尚书何晏，耽声好色，始服此药，必加开朗，体力转强，京师翕然，传以相授。" ⑱疽（jū）：一种毒疮。不少人在服用寒食散后，疽发于背，呕血而死。

【点评】

　　商鞅变法，秦国由此日益强大，终于消灭六国、统一天下，而汉代桑弘羊的国家调控经济政策增加了汉朝中央政权的财政收入，武帝以此雄厚的物资积累为基础，才得以北击匈奴，开疆拓土，这一点，已成为历史的公论。苏轼对熙宁（1068~1077）、元丰（1078~1085）年间的王安石变法持反对的立场，处处加以抵制，生平诗文多有以古讽今之作，本篇《司马迁二大罪》就是其中之一，虽然表面上批评的是商鞅、桑弘羊、司马迁，但实际上是借古喻今。

　　苏轼所说没有商鞅秦国也会富强的观点缺乏说服力，而认为变法就是官家"与民争利"的说辞也非持平之论。司马光、苏轼口中的"民"，并非细民、小民，而是乡间的豪绅，这一部分特殊的"民"，才是王安石变法中利益真正受到损害的群体。官家与己争利，这是他们对变法的实际感受，而这恰好说明之前他们一直在"独占其利"。

论范增①

汉用陈平计，间疏楚君臣。②项羽疑范增与汉有私，稍夺其权。增大怒曰："天下事大定矣，君王自为之，愿赐骸骨归卒伍！"归未至彭城，疽发背死。

苏子曰：增之去，善矣，不去，羽必杀增，独恨其不蚤耳③。然则当以何事去？增劝羽杀沛公，羽不听，终以此失天下，当于是去耶？曰：否。增之欲杀沛公，人臣之分也，羽之不杀，犹有君人之度也，增曷为以此去哉？《易》曰："知几其神乎。"④《诗》曰："相彼雨雪，先集维霰。"⑤增之去，当以羽杀卿子冠军时也⑥。陈涉之得民也，以项燕、扶苏；项氏之兴也，以立楚怀王孙心。⑦而诸侯叛之也，以弑义帝也。⑧且义帝之立，增为谋主矣，义帝之存亡，岂独为楚之盛衰，亦增之所以同祸福也，未有义帝亡而增独能久存者也。羽之杀卿子冠军也，是弑义帝之兆也。其弑义帝，则疑增之本心也，岂必待陈平哉！物必先腐也而后虫生之，人必先疑也而后谗入之，陈平虽智，安能间无疑之主哉？吾尝论义帝，天下之贤主也。独遣沛公入关而不遣项羽，识卿子冠军于稠人之中⑨，而擢以为上将，不贤而能如是乎？羽既矫杀卿子冠军，义帝必不能堪，非羽杀帝，则帝杀羽，不待智者而后知也。增始劝项梁立义帝，诸侯以此服从，中道而弑之，非增之意也。夫岂独非其意，将必力争而不听也。不用其言，杀其所立，项羽之疑增必自是始矣。方羽杀卿子冠军，增与羽比肩而事义帝，君臣之分未定也。⑩为增计者，力能诛羽则诛之，不能则去之，岂不毅然大丈夫也哉？增年已七十，合则留，不合则去，不以此时明去就之分，而欲依羽以成功，陋矣。虽然，增，高帝之所畏也⑪，增不去，项羽不亡。呜呼，增亦人杰也哉！

【注释】

①范增：居巢人，项羽最重要的谋士，被称为"亚父"，后被项羽猜忌，逐渐剥夺权力，其一怒之下辞官回故里，途中病死。 ②陈平是秦末刘邦的谋士，汉文帝时为右丞相、左丞相，曾出计离间项羽与属下钟离眜、范增等，使得项羽不再信任他们。《史记·陈丞相世家》记载："陈平既多以金纵反间于楚军，宣言诸将钟离眜等为项王将，功多矣，然而终不得裂地而王，欲与汉为一，以灭项氏而分王其地。项羽果意不信钟离眜等。项王既疑之，使使至汉。汉王为太牢具，举进。见楚使，即佯惊曰：'吾以为亚父使，乃项王使！'复持去，更以恶草具进楚使。楚使归，具以报项王。项王果大疑亚父。亚父欲急攻下荥阳城，项王不信，不肯听。" ③蚤：早。 ④出自《周易·系辞传》。几：几微，玄机，指事物极其微妙与关键发动的时机。 ⑤出自《诗经·颂弁》，意为下雪之前先有小冰粒。此句是说事件发生前必有各种征兆出现，循序渐进，与"履霜坚冰至"同义。故当"防微杜渐"。霰：下雪前空气中凝结的小冰粒。 ⑥卿子冠军：秦末楚怀王臣宋义的称号，宋义得到楚怀王的赏识，封为卿子冠军，后被项羽所杀。 ⑦陈涉起兵反秦时，以"张楚"为国号，诈称项燕、扶苏未死，以此号召、聚集众人。项梁、项羽起兵后，范增游

说项梁立楚怀王孙为后，以收服人心。《史记·项羽本纪》："于是项梁然其言，乃求楚怀王孙心民间，为人牧羊，立以为楚怀王，从民所望也。"项燕：楚国名将，项羽的祖父，秦灭楚，项燕为秦将王翦击败，自杀。扶苏：秦始皇嬴政的太子，嬴政病死于路途，胡亥与赵高矫皇帝诏杀扶苏，立胡亥为帝。 ⑧项羽杀义帝，诸侯不服。 ⑨稠人：众人。 ⑩项羽杀义帝之前，义帝为天下诸侯的共主，项羽、范增都为其臣。范增虽为项羽的谋士，但由于二人共事义帝，彼此的君臣之分并不明确。 ⑪高帝：汉高祖刘邦。

【点评】

卿子冠军宋义本为义帝所立，项羽杀宋义，必然会与义帝决裂，而当初立义帝又是范增的主意，这势必牵扯到范增，令二人不睦。范增应当意识到杀义帝这件事令二人之间已有嫌隙，矛盾迟早会爆发，不如早做归计。

游士失职之祸

春秋之末，至于战国，诸侯卿相皆争养士。自谋夫说客、谈天雕龙、坚白同异之流①，下至击剑扛鼎、鸡鸣狗盗之徒，莫不宾礼，靡衣玉食以馆于上者，何可胜数。越王句践有君子六千人；魏无忌、齐田文、赵胜、黄歇、吕不韦②，皆有客三千人；而田文招致任侠奸人六万家于薛，齐稷下谈者亦千人③；魏文侯、燕昭王、太子丹④，皆致客无数。下至秦、汉之间，张耳、陈余号多士⑤，宾客厮养皆天下豪杰，而田横亦有士五百人⑥。其略见于传记者如此，度其余，当倍官吏而半农夫也。此皆奸民蠹国者，民何以支而国何以堪乎？

苏子曰：此先王之所不能免也。国之有奸也，犹鸟兽之有鸷猛，昆虫之有毒螫也。区处条理，使各安其处，则有之矣；锄而尽去之，则无是道也。吾考之世变，知六国之所以久存而秦之所以速亡者，盖出于此，不可以不察也。夫智、勇、辨、力，此四者，皆天民之秀杰者也。类不能恶衣食以养人，皆役人以自养者也，故先王分天下之贵富与此四者共之。此四者不失职，则民靖矣⑦。四者虽异，先王因俗设法，使出于一：三代以上出于学⑧，战国至秦出于客，汉以后出于郡县吏，魏、晋以来出于九品中正⑨，隋、唐至今出于科举，虽不尽然，取其多者论之。六国之君虐用其民，不减始皇、二世，然当是时，百姓无一人叛者，以凡民之秀杰者多以客养之，不失职也。其力耕以奉上，皆椎鲁无能为者⑩，虽欲怨叛，而莫为之先，此其所以少安而不即亡也。始皇初欲逐客，因李斯之言而止。⑪既并天下，则以客为无用，于是任法而不任人，谓民可以恃法而治，谓吏不必才取，能守吾法而已。故堕名城，杀豪杰，民之秀异者散而归田亩。向之食于四公子、吕不韦之徒者，皆安归哉？不知其能槁项黄馘以老死于布褐乎⑫？抑将辍耕太息以俟时也？秦之乱虽成于二世，然使始皇知畏此四人者，有以处之，使不失职，秦之亡不至若是速也。纵百万虎狼于山林而饥渴之，不知其将噬人，世以始皇为智，吾不信也。楚、汉之祸，生民尽矣，豪杰宜无几，而代相陈豨从车千乘，萧、曹为政⑬，莫之禁也。至文、景、武之世，法令至密，然吴王濞、淮南、梁王、魏其、武安之流⑭，皆争致宾客，世主不问也。岂惩秦之祸，以为爵禄不能尽縻天下士，故少宽之，使得或出于此也耶？若夫先王之政则不然，曰："君子学道则爱人，小人学道则易使也。"⑮呜呼，此岂秦、汉之所及也哉！

【注释】

①谈天雕龙：指战国末期辩士宏大而无当的言论。《史记·孟子荀卿列传》："驺衍之术迂大而闳辩；奭也文具难施；淳于髡久与处，时有得善言。故齐人颂曰：'谈天衍，雕龙奭，炙毂过髡。'"坚白同异：指赵国辩士公孙龙的"离坚白"（白石的坚硬属性与白色属性不能共存）的辩题。　②魏无忌：信陵君。齐田文：孟尝君。赵胜：赵平原君。黄歇：楚春申君。吕不韦：战国末年巨商，后为秦相。以上几人都以善养门客闻名。　③稷下：稷为齐国都城临淄的稷门，齐威王在此地设学宫，招徕天下学者在此讲学，由此齐国学术昌盛，形成著名的"稷下学派"。　④魏文侯：名斯，魏国开国君主。他拜子夏、田子方、段干木等人为师，任用李悝、吴起等人，实行变法，使魏国逐渐强大，成为当时的霸主。燕昭王：燕王哙之子。燕王哙被齐人攻杀，燕昭王即位后，筑黄金台，招纳天下贤士，以报家国之耻。太子丹：燕王喜之子，曾为人质在秦国居留多年，受到秦人的羞辱，返回燕国后，广招宾客，意欲刺杀秦王，策划荆轲刺秦的行动，失败。燕王喜惧怕秦国报复，杀太子丹，将其头颅献给秦国以求和。　⑤张耳、陈余：秦末陈涉义军的部将，跟随陈涉反秦，入赵地，二人共立赵歇为赵王。《史记·张耳陈余列传》称张耳、陈余善养士："张耳、陈余，世传所称贤者；其宾客厮役，莫非天下俊杰，所居国无不取卿相者。"　⑥田横：齐国贵族，秦末与兄田儋、田荣起兵反秦，占领齐地，田儋先称齐王，战死；田荣复称齐王，与项羽交战，败亡。田横遂立田荣之子田广为齐王，自任丞相，平定齐国。韩信攻伐齐国，田广战死，田横自立为王，但败于汉将灌婴，只得投奔彭越。刘邦建立汉朝后，田横带领门客五百人逃往海岛。刘邦诏田横前往洛阳接受封爵，田横

认为当初自己与刘邦同时起兵、称王，现在却要归顺刘邦，这是对自己的羞辱，于是在离洛阳三十里远的地方自杀。他的五百门客在海岛中听说田横的死讯后也一起自杀。 ⑦靖：安定。 ⑧三代以上出于学：古者，学在王官，贵族要在学校（庠、序）里接受教育，学习六艺，然后才能为官。 ⑨九品中正：魏晋南北朝时期为拉拢士族而建立的选官制度，朝廷设立中正，由中央官吏兼任原籍地州、郡、县的大小中正官，察访本地士人，综合德才、门第定出"品"和"状"，供选官参考。这个制度成为士族以门第出身垄断社会资源、区别社会阶级的工具，形成了上品无寒门、下品无士族的社会现象。 ⑩椎鲁：愚钝。 ⑪韩人郑国入秦，为秦国开凿郑国渠，实则是图谋消耗秦国的实力。后来此计被识破，秦王嬴政下令驱逐一切外来的客卿，李斯上疏《谏逐客令》陈述不可逐客的理由，秦王听取李斯的意见，废除了逐客令。 ⑫布褐：粗布短衣，平民所穿，代指老百姓。 ⑬陈豨（xī）：原来是韩信的部将，后来因公封为代相，养宾客甚多。汉高祖十年（前197），陈豨起兵反叛，十二年（前195），为樊哙所杀。萧、曹：萧何、曹参，高祖时先后为丞相。 ⑭吴王濞：汉高祖兄刘仲之子，因平定英布叛乱有功，封为吴王。汉景帝用晁错之策削夺诸王封地，吴王濞联合六国造反，史称七国之乱。淮南：指淮南王刘安，为汉文帝之弟刘长之子。刘长因谋反被文帝废黜，绝食而死。刘安继承其封爵。武帝时，刘安有谋反的意图，被人告发，自杀。梁王：指刘揖，汉文帝之子，封为梁王，后堕马而死。魏其：魏其侯窦婴，窦太后之侄，因军功封为魏其侯，因得罪武安侯田蚡，被杀。武安：武安侯田蚡，汉景帝王皇后的同母弟，武帝时被封为武安侯，官至太尉、丞相。 ⑮出自《论语·阳货》。此处"君子"、"小人"的分别不是指道德意义上的，而是指社会身份的不同。君子指贵族，小人指被统治阶级。

【点评】

苏轼这篇文章虽然表面上探讨的是"游士失职"带来的社会危害，实际上讲到了历代王朝的用人问题，涉及古代官制以及教育制度等。游士失职这个问题也展现了"士"这一精英阶层从先秦到宋代的演变史。战国到秦末汉初，是士在中国历史上最为活跃的时期，七国之君乃至大小公卿、大夫都纷纷招纳各路游士、门客，以扩充自己的实力。秦之速亡，其中一个原因是没有处理好六国旧贵族以及游士如何安顿的问题。秦采取的各种政策，并没有将这些贵族、游士收纳到权力结构中来，给以出路，这损害了他们的政治、经济利益，故陈涉登高一呼之后，就获得精英阶层的群起响应了。虽然孟子说士可以"无恒产而有恒心"，但实际情况却并非如此，众多心怀不满、躁动不安的游士最终成为灭亡秦朝政权的一支重要力量。汉以后的帝王吸取了历史教训，比较注意笼络游士，尤其是唐、宋二代实行科举制，大量选拔、吸收民间的优秀人才进入体制，使得统治阶层内部上下流动性增大，令整个社会既稳定有序又不乏活力。在这种优待士人的制度安排下，士的身份由游士转变为士大夫，士被彻底驯服为官僚政治的工具，后世只有流民举事，而无游士造反，秦末出现的精英阶层集体反叛这一现象再也没有发生过。

赵高、李斯

秦始皇帝时，赵高有罪，蒙毅案之，当死，始皇赦而用之。①长子扶苏好直谏，上怒，使北监蒙恬兵于上郡。②始皇东游会稽③，并海走琅琊，少子胡亥、李斯、蒙毅、赵高从。道病，使蒙毅还祷山川，未反而上崩。李斯、赵高矫诏立胡亥，杀扶苏、蒙恬、蒙毅，卒以亡秦。

苏子曰：始皇制天下轻重之势，使内外相形以禁奸备乱者④，可谓密矣。蒙恬将三十万人，威振北方，扶苏监其军，而蒙毅侍帷帐为谋臣，虽有大奸贼，敢睥睨其间哉⑤？不幸道病，祷祠山川尚有人也，而遣蒙毅，故高、斯得成其谋。始皇之遣毅，毅见始皇病，太子未立而去左右，皆不可以言智。然天之亡人国，其祸败必出于智所不及。圣人为天下，不恃智以防乱，恃吾无致乱之道耳。始皇致乱之道，在用赵高。夫阉尹之祸⑥，如毒药猛兽，未有不裂肝碎胆者也。自书契以来⑦，惟东汉吕强、后唐张承业二人号称善良⑧，岂可望一二于千万，以致必亡之祸哉？然世主皆甘心而不悔，如汉桓、灵⑨，唐肃、代⑩，犹不足深怪，始皇、汉宣皆英主，亦湛于赵高、恭、显之祸。彼自以为聪明人杰也，奴仆熏腐之余何能为⑪，及其亡国乱朝，乃与庸主不异。吾故表而出之，以戒后世人主如始皇、汉宣者。或曰："李斯佐始皇定天下，不可谓不智。扶苏亲始皇子，秦人戴之久矣，陈胜假其名犹足以乱天下，而蒙恬持重兵在外，使二人不即受诛而复请之⑫，则斯、高无遗类矣。以斯之智而不虑此，何哉？"苏子曰：呜呼，秦之失道，有自来矣，岂独始皇之罪？自商鞅变法，以诛死为轻典，以参夷为常法⑬，人臣狼顾胁息⑭，以得死为幸，何暇复请！方其法之行也，求无不获，禁无不止，鞅自以为轶尧、舜而驾汤、武矣⑮。及其出亡而无所舍，然后知为法之弊。夫岂独鞅悔之，秦亦悔之矣。

荆轲之变，持兵者熟视始皇环柱而走，莫之救者，以秦法重故也。⑯李斯之立胡亥，不复忌二人者，知威令之素行，而臣子不敢复请也。二人之不敢请，亦知始皇之鸷悍而不可回也，岂料其伪也哉？周公曰："平易近民，民必归之。"⑰孔子曰："有一言而可以终身行之，其'恕'矣乎？"⑱夫以忠恕为心而以平易为政，则上易知而下易达，虽有卖国之奸，无所投其隙，仓卒之变，无自发焉。然其令行禁止，盖有不及商鞅者矣，而圣人终不以彼易此。商鞅立信于徙木⑲，立威于弃灰⑳，刑其亲戚师傅，积威信之极。以及始皇，秦人视其君如雷电鬼神，不可测也。古者公族有罪，三宥然后制刑。㉑今至使人矫杀其太子而不忌，太子亦不敢请，则威信之过故也。夫以法毒天下者，未有不反中其身及其子孙者也。汉武与始皇，皆果于杀者也，故其子如扶苏之仁，则宁死而不请，如戾太子之悍㉒，则宁反而不诉，知诉之必不察也。戾太子岂欲反者哉？计出于无聊也。故为二君之子者，有死与反而已。李斯之智，盖足以知扶苏之必不反也。吾又表而出之，以戒后世人主之果于杀者。

【注释】

①《史记·蒙恬列传》："高有大罪，秦王令蒙毅法治之。毅不敢阿法，当高罪死，除其宦籍。帝以高之敦于事也，赦之，复其官爵。"赵高：秦始皇时任中车府令，掌管传令之事。蒙毅：秦将蒙骜之孙，蒙武之子，蒙恬之弟，官拜内史、上卿。秦始皇病死于沙丘（今河北邢台附近），赵高、胡亥与李斯矫诏杀蒙恬、扶苏、蒙毅，立胡亥为帝。 ②秦始皇令蒙恬领三十万军队北击匈奴，夺取黄河以南之地，筑长城，并长期驻守上郡，又令太子扶苏为监军。 ③秦始皇最后一次巡游，经过会稽郡（今浙江绍兴一带）、琅邪郡（今山东青岛附近）。 ④秦始皇十分信任蒙氏家族，令蒙恬在外掌兵，令蒙毅为内史，内外相辅。这就是所谓的"内

外相形以禁奸备乱"。　⑤睥睨：本义为侧目而视，引申为轻视、不屑。　⑥阉尹：主管太监的官。据传赵高为宦官出身。　⑦书契：中国最早的文字刻于金石之上，故以书契指文字。　⑧吕强：字汉盛，成皋人，东汉末年宦官，少为小黄门，后迁中常侍，为人清廉正直，曾上疏灵帝以除弊政，不被采用，后为宦官赵忠、夏恽构陷，自杀。张承业：唐末五代宦官，曾出任河东监军，先后辅佐李克用、李存勖父子。李存勖称帝，张承业极力反对未果，忧愤而死。　⑨汉桓帝、汉灵帝时期，十常侍（宦官）专权。　⑩唐肃宗、唐代宗时期，宦官鱼朝恩、李辅国、程元振专权。　⑪熏腐之余：指宦官。腐，即腐刑，古代对男犯实施阉割的刑法，也可指宦官入宫的阉割手术。因腐刑后须熏合伤口，故合称熏腐。　⑫复请：上书请求宽恕。　⑬参夷：诛灭三族。　⑭狼顾：狼行走时常常回头看，比喻人心中畏惧。胁息：收敛呼吸。　⑮轶：超越。　⑯秦法，群臣侍殿上者，不得持尺兵；诸郎中执兵，皆陈殿下，非有诏不得上。因此荆轲以匕首追逐、刺杀秦王之时，群臣束手无策，不能上前施救。　⑰出自《史记·鲁周公世家》："夫政不简不易，民不有近；平易近民，民必归之。"　⑱出自《论语·卫灵公》。　⑲商鞅立信于徙木：据《史记·商君列传》记载，商鞅在秦国推行变法，"令既具，未布，恐民之不信，已乃立三丈之木于国都市南门，募民有能徙置北门者予十金。民怪之，莫敢徙。复曰'能徙者予五十金'。有一人徙之，辄予五十金，以明不欺。卒下令"。　⑳弃灰：在道路上丢弃灰土垃圾。《史记·李斯列传》载，据商鞅之法，弃灰于道者有罪。　㉑三宥：古代刑法对君主公族犯罪有宽恕三次的制度。宥，宽恕。　㉒戾太子：即汉武帝嫡子刘据，七岁即被立为太子。武帝晚年，宫中发生巫蛊事件，江充等人构陷太子，武帝受其蒙蔽，以为太子意欲造反，太子不能自证清白，怒杀江充，并攻打丞相府，后兵败自杀。因刘据之死有冤情，刘据之孙汉宣帝即位后，追谥其号为"戾"。

【点评】

苏轼一向主张"宽刑",反对用重典治国。文中举了三个例子:荆轲刺杀秦王,由于秦法规定无诏不得上殿,群臣不敢施救;秦始皇死,赵高、胡亥矫诏杀公子扶苏、蒙恬,二人惧于秦法严酷,不敢怀疑,也不敢复请,致使赵高等人的奸计得逞;汉武帝时,江充诬陷太子刘据谋反,太子深知申诉无用,索性真的举兵造反。这三个例子中,严酷法律的制定者最终却都自食其果,为自己制定的法条所害。法律制定得过于严苛,缺乏弹性,往往导致一旦有事,事态容易恶化、失控,结果反而违背了维护统治秩序的初衷。

摄主①

鲁隐公元年,不书即位,摄也。②欧阳子曰:"隐公非摄也。使隐而果摄也,则《春秋》不书为公,《春秋》书为公,则隐非摄,无疑也。"③

苏子曰:非也。《春秋》,信史也,隐摄而桓弑④,著于史也详矣。周公摄而克复子者也,以周公薨,故不称王。⑤隐公摄而不克复子者也,以鲁公薨,故称公⑥。史有谥,国有庙,《春秋》独得不称公乎?然则隐公之摄也,礼欤?曰:礼也。何自闻之?曰:闻之孔子。曾子问曰⑦:"君薨而世子生,如之何?"孔子曰:"卿、大夫、士从摄主北面于西阶南。"⑧何谓摄主?曰:古者天子、诸侯、卿、大夫之世子未生而死,则其弟若兄弟之子次当立者为摄主。子生而女也,则摄主立;男也,则摄主退。此之谓摄主,古之人有为之者，季康子是也⑨。季桓子且死，命其臣正常曰："南孺子之子男也，则以告而立之；女也，则肥也可。"桓子卒，康子即位。既葬，康子在朝。南氏生男，正常载以如朝，告曰："夫子有遗言，命其圉臣曰：'南氏生男，则以告于君与大夫而立之。'今生矣，男也，敢告。"康子请退。⑩康子之谓摄主，古之道也，孔子行之。

自秦、汉以来不修是礼也，而以母后摄。孔子曰："惟女子与小人为难养也。"⑪使与闻外事且不可，曰"牝鸡之晨，惟家之索"⑫，而况可使摄位而临天下乎？女子为政而国安，惟齐之君王后，吾宋之曹、高、向也⑬，盖亦千一矣。自东汉马、邓不能无讥⑭，而汉吕后、魏胡武灵、唐武氏之流⑮，盖不胜其乱，王莽、杨坚遂因以易姓⑯。由此观之，岂若摄主之庶几乎？使母后而可信也，摄主亦可信也，若均之不可信，则摄主取之，犹吾先君之子孙也，不犹愈于异姓之取哉？或曰："君薨，百官总己以听于冢宰三年⑰，安用摄主？"曰：非此之谓也。嗣天子长矣，宅忧而未出令，则以礼设冢宰。若太子未生，生而弱，未能君也，则三代之礼，孔子之学，决不以天下付异姓，其付之摄主也。夫岂非礼而周公行之欤？故隐公亦摄主也。郑玄，儒之陋者也，其传"摄主"也，曰："上卿代君听政者也。"⑱使子生而女，则上卿岂继世者乎？苏子曰：摄主，先王之令典，孔子之法言也。而世不知，习见母后之摄也，而以为当然。故吾不可不论，以待后世之君子。

【注释】

①摄主：《礼记·曾子问》孔颖达疏："摄主，上卿代国政者。" ②《春秋》隐公元年不书即位，是表示隐公的身份为摄主。鲁隐公：鲁惠公之子，

名息姑，其母亲声子为媵妾，地位低，故未立息姑为太子。息姑长大后，惠公为其娶宋武公子女仲子为妻。仲子至鲁，惠公自娶之，生桓公（名允，一作轨），以允为太子。公死，允年幼，隐公代允掌国君之位。　③欧阳修认为，鲁隐公不是摄主，而是真正的君主，因为如果是摄主，《春秋》就不应该书写其身份为"公"。　④隐摄而桓弑：隐公十一年（前712），桓公听信大臣公子翚（羽父）的谗言，杀死鲁隐公，即位。　⑤清人崔述《无闻集》谓苏轼误信周公有称王之举："王莽欲窃汉之天下，乃诬周公有践位复辟之事以济其恶；苏氏信之，何耶？且苏氏以周公果称王耶，周公称王则吾不知成王当何称耶：亦称王耶，称太子耶？"克复子：归位于成王。　⑥以鲁公薨，故称公：先秦时，诸侯国君死称为"薨"。鲁隐公去世时的身份为公，所以《春秋》称"公"。　⑦曾子：名参，字子舆，是孔子的一名重要弟子。　⑧卿、大夫、士站立于西边台阶下，面向北对摄主行臣礼。　⑨季康子：名肥，季桓子之子，是鲁哀公时候的权臣。　⑩《左传·哀公三年》："季孙有疾，命正常曰：'无死。南孺子之子，男也，则以告而立之；女也，则肥也可。'季孙卒，康子继位，既葬，康子在朝。南氏生男，正常载以如朝，告曰：'夫子有遗言，命其圉臣曰：南氏生男，则以告于君与大夫而立之。今生矣，男也，敢告。'遂奔卫。康子请退。公使共刘视之，则或杀之矣。乃讨之，召正常，正常不反。"季孙，季桓子，鲁国的正卿大夫；正常，季桓子的家臣；南孺子，季桓子之妻，当时有孕在身；康子，名肥，季桓子之子。哀公三年（前492），季桓子临死时对自己信任的家臣正常说，我死了，不要跟着我殉葬，南孺子所生要是男孩，就告知于朝廷，让他成为季孙氏的家主；假如生的是女孩，就让康子继位。季孙死后，康子继位，这时他的身份与鲁隐公类似，都是摄主。此后南孺子生了一个男孩，家臣正常带着婴孩上朝告知朝廷，随后就逃到卫国去了（惧怕康子加害他）。于是康子请求辞位，鲁哀公命令大夫公刘去查看，发现婴儿已被人杀死（显然这是康子派人所为）。哀公命令讨伐杀人凶手，并召正常回鲁国，但正常不敢返回。　⑪出自《论语·阳货》："惟女子与小人为难养也，近之则不逊，远之则怨。"难养：难于相处。　⑫语出《尚书·牧誓》："牝鸡无晨。牝鸡之晨，惟家之索。"母鸡代替公鸡打鸣，家就会破败。比喻女主掌权，会导致国家败亡。牝，雌性。索，尽。　⑬曹：曹太后，即慈圣太后，宋仁宗皇后，宋初大将曹彬的孙女。高：高皇后，宋英宗皇后，其母为曹太后之姐。向：向太后，宰相向敏中曾孙女，宋神宗皇后。哲宗死后，向太后不顾宰相章惇的反对，执意迎立端王赵佶登基，是为宋徽宗。　⑭马：即明德皇后，名将马援之女，汉明帝的皇后。邓：东汉和帝皇后邓绥。　⑮魏胡武灵：北魏宣武帝皇后胡氏，追谥灵，又称灵太后。　⑯王莽、杨坚遂因以易姓：王莽的姑姑是孝元皇后王政君，杨坚之女杨丽华为北周宣帝宇文赟皇后。王莽、杨坚都是外戚，靠皇后的权力上位，最后夺得了政权。　⑰出自《论语·宪问》。古礼，天子去世以后，太子要守丧三年，不理政事，百官听命于冢宰（即后世的宰相）。　⑱《礼记·曾子问》郑玄注："摄主，上卿代君听国政。"

【点评】

　　文章第一段考证了春秋时期鲁隐公称"摄主"的来历，并对周礼中"摄政"这一规制的沿革做了历史的追溯。第二段则讨论了"摄主"与后世"女主"的关系，认为女主并非古时的"摄主"，女主的出现是不正常的政治现象。但苏轼对与他同时代的曹太后、高皇后、向太后几位"女主"却给以较高的政治评价，认为她们属于"女子为政而国安"的典型。曹太后、高皇后都是王安石变法的反对者，向太后则力排新党章惇立太子的谏议，可见苏轼选取的标准是根据其人对王安石变法以及新党的态度而定的，并不客观。

隐公不幸

公子翚请杀桓公，以求太宰。隐公曰："为其少故也，吾将授之矣。使营菟裘，吾将老焉。①"翚惧，反谮公于桓公而弑之。②

苏子曰：盗以兵拟人③，人必杀之，夫岂独其所拟，涂之人皆捕击之④。涂之人与盗非仇也，以为不击则盗且并杀己也。隐公之智，曾不若是涂人也，哀哉！隐公，惠公继室之子也，其为非嫡，与桓均耳，而长于桓。隐公追先君之志而授国焉，可不谓仁人乎？惜乎其不敏于智也。使隐公诛翚而让桓，虽夷、齐何以尚兹？骊姬欲杀申生而难里克⑤，则施优来之；二世欲杀扶苏而难李斯，则赵高来之。此二人所行相同，而其受祸亦不少异：里克不免于惠公之诛，李斯不免于二世之戮，皆无足哀者。吾独表而出之，为世戒。君子之为仁义也，非有计于利害，然君子之所为，义利常兼，而小人反是。李斯听赵高之谋，非其本意，独畏蒙氏之夺其位，故俯而听高。使斯闻高之言，即召百官、陈六师而斩之，其德于扶苏，岂有既乎？何蒙氏之足忧！释此不为，而具五刑于市⑥，非下愚而何！呜呼，乱臣贼子犹蝮蛇也，其所螫草木犹足以杀人，况其所噬啮者欤⑦？郑小同为高贵乡公侍中⑧，尝诣司马师，师有密疏未屏也，如厕还，问小同："见吾疏乎？"曰："不见。"师曰："宁我负卿，无卿负我。"遂鸩之⑨。王允之从王敦夜饮⑩，辞醉先寝。敦与钱凤谋逆⑪，允之已醒，悉闻其言，虑敦疑己，遂大吐，衣面皆污。敦果照视之，见允之卧吐中，乃已。哀哉小同，殆哉岌岌乎允之也！

256 | 家藏文库

孔子曰："危邦不入，乱邦不居。"⑫有由也夫！吾读史得隐公、里克、李斯、郑小同、王允之五人，感其所遇祸福如此，故特书其事，后之君子可以览观焉。

【注释】

①隐公欲还位于桓公，故经营菟裘，准备退位后居住。菟裘：春秋时鲁地。杜预《左传》注："菟裘，鲁邑，在泰山梁父县南。不欲复居鲁朝，故别营外邑。" ②公子翚本来想劝隐公杀掉桓公，但遭到隐公拒绝，他害怕此事泄露被桓公知道，于是又去蛊惑桓公杀掉隐公。 ③拟：对准。 ④涂之人：行人。涂，道路。 ⑤申生：晋国太子，为晋献公与齐姜所生。后晋献公与骊姬生下奚齐，骊姬欲令奚齐继承君位，但惧怕里克反对，此时优施（献公身边的优人）教其向献公进谗言陷害申生，迫使申生自杀。里克：晋国卿大夫，申生的拥护者，曾极力保护申生。献公死后，里克杀奚齐与骊姬，又杀新君卓子，立夷吾为君。夷吾即位后，对里克放心不下，迫令里克自杀。 ⑥五刑：古代的五种刑罚，先秦时指墨、劓、剕、宫、大辟。据《史记·李斯列传》，李斯被胡亥所杀，施以五刑并腰斩："二世二年七月，具斯五刑，论腰斩咸阳市。" ⑦啮（niè）：咬。 ⑧郑小同：字子真，东汉经学家郑玄的玄孙，累迁至侍中，为大将军司马师所杀。高贵乡公：曹髦，字彦士，曹丕之孙，曹魏第四位皇帝，为司马昭指使心腹贾充所杀。 ⑨鸩（zhèn）：毒杀。 ⑩王允之：字深猷，东晋朝臣，历官江州刺史、卫将军、会稽内史。 ⑪钱凤：字世仪，王敦的部下，任铠曹参军，与王敦合计谋反，兵败被杀。 ⑫语出《论语·泰伯》。不进入危险的国家，也不在动乱的国家居住。

【点评】

《隐公不幸》一文共提到五人不幸：鲁隐公、里克、李斯、郑小同、王允之。隐公之不幸来自其人"不敏于智";李斯之不幸缘于临事处置不当,根本原因则是出于私心,咎由自取;里克、郑小同、王允之三人之不幸则主要是由自身所处的政治环境决定的,与个人的智愚无关。由此苏轼感叹孔子所云"危邦不入,乱邦不居"是至理名言了。

七德八戒

郑太子华言于齐桓公,请去三族而以郑为内臣,公将许之,管仲不可。①公曰:"诸侯有讨于郑,未捷,苟有衅②,从之不亦可乎?"管仲曰:"君若绥之以德,加之以训辞,而率诸侯以讨郑,郑将覆亡之不暇,岂敢不惧?若总其罪人以临之,郑有辞矣。③"公辞子华,郑伯乃受盟。

苏子曰:大哉,管仲之相桓公也!辞子华之请而不违曹沫之盟④,皆盛德之事也,齐可以王矣。恨其不学道,不自诚意正身以刑其国,使家有三归之病而国有六嬖之祸⑤,故桓公不王,而孔子小之⑥。然其予之也亦至矣⑦,曰:"桓公九合诸侯⑧,不以兵车,管仲之力也。如其仁⑨,如其仁!"曰:"仲尼之徒无道桓、文之事者。"⑩孟子盖过矣。吾读《春秋》以下史而得七人焉,皆盛德之事,可以为万世法,又得八人焉,皆反是,可以为万世戒,故具论之。太公之治齐也,举贤而上功。周公曰:"后世必有篡弑之臣。"天下诵之,齐其知之矣。田敬仲之始生也,周史筮之,其奔齐矣,齐懿氏卜之,皆知其当有齐国也。⑪篡弑之疑,盖萃于敬仲矣,然桓公、管仲不以是废之,乃欲以为卿,非盛德能如此乎?故吾以为楚成王知晋之必霸而不杀重耳⑫，汉高祖知东南之必乱而不杀吴王濞⑬，晋武帝闻齐王攸之言而不杀刘元海⑭，苻坚信王猛而不杀慕容垂⑮，唐明皇用张九龄而不杀安禄山⑯，皆盛德之事也。而世之论者，则以为此七人者皆失于不杀以启乱，吾以谓不然。七人者皆自有以致败亡，非不杀之过也。齐景公不繁刑重赋，虽有田氏，齐不可取；楚成王不用子玉⑰，虽有晋文公，兵不败；汉景帝不害吴太子，不用晁错，虽有吴王濞，无自发；晋武帝不立孝惠，虽有刘元海，不能乱；苻坚不贪江左，虽有慕容垂，不能叛；明皇不用李林甫、杨国忠，虽有安禄山，亦何能为？秦之由余⑱，汉之金日磾⑲，唐之李光弼、浑瑊之流⑳，皆蕃种也，何负于中国哉？而独杀元海、禄山！且夫自今而言之，则元海、禄山死有余罪，自当时而言之，则不免为杀无罪。岂有天子杀无罪而不得罪于天者？上失其道，涂之人皆敌也，天下豪杰其可胜既乎？汉景帝以鞅鞅而杀周亚夫㉑，曹操以名重而杀孔融㉒，晋文帝以卧龙而杀嵇康㉓，晋景帝亦以名重而杀夏侯玄㉔，宋明帝以族大而杀王彧㉕，齐后主以谣言而杀斛律光㉖，唐太宗以谶而杀李君羡㉗，武后以谣言而杀裴炎㉘，世皆以为非也。此八人者，当时之虑岂非忧国备乱，与忧元海、禄山者同乎？久矣，世之以成败为是非也！故夫嗜杀人者，必以邓侯不杀楚子为口实㉙。以邓之微，无故杀大国之君，使楚人举国而仇之，其亡不愈速乎？吾以谓为天下如养生，忧国备乱如服药：养生者不过慎起居饮食，节声色而已㉚，节慎在未病之前，而服药于已病之后。今吾忧寒疾而先服乌喙㉛，忧热疾而先服甘遂㉜，则病未作而药杀人矣。彼八人者，皆未病而服药者也。

【注释】

①引自《左传·僖公七年》。齐国将攻郑国，郑伯派遣太子华与齐桓公会见，太子华私下提出希望齐国帮助消灭郑国的泄氏、孔氏、子人氏三族，以郑国内附于齐国作为交换。齐桓公本打算接受，但管仲表示反对，最终齐桓公听取了管仲的意见，只与郑国结盟，没有答应太子华其他的条件。　②衅：嫌隙，指郑太子华违背君父之命，私下结交外援并出卖郑国。　③齐国如果答应太子华的请求，帮助这个郑国的罪人攻打郑国，郑国在情理上就占据了上风。总：领。罪人：指太子华。辞：理由。　④曹沫：鲁庄公的将领。鲁人与齐人战，三战皆败，鲁国被迫割邑求和。在鲁庄公与齐桓公的盟会上，曹沫以匕首劫持齐桓公，迫使其放弃鲁国所割之邑。齐桓公允诺，但事后欲反悔，被管仲劝阻，最后还是履行了约定。　⑤三归：管仲有三处采邑。一说管仲筑台，三归为台名。六嬖（bì）之祸：齐桓公宠幸六个嬖妾，后来六嬖之子争权，导致齐国内乱，齐桓公也死于此乱中。　⑥小之：轻视他。　⑦予之：肯定他。⑧九合诸侯：齐桓公提出"尊王攘夷"的口号，曾经九次召集诸侯盟会，成为当时的霸主。　⑨如其仁：这就是他的仁德啊！出自《论语·宪问》。　⑩出自《孟子·梁惠王上》。孟子主张王道，他认为儒者根本不应该热衷谈论齐桓公、晋文公的霸业。　⑪陈完（田完）出生时，周太史为其占卦，认为他的后代将会取代姜姓齐国。齐桓公十四年（前672），为避陈国内乱之祸，陈完逃到齐国，当时齐国的大夫懿仲占卦，也得出同样的结果。《史记·田敬仲完世家》："陈完者，陈厉公他之子也。完生，周太史过陈，陈厉公使卜完，卦得《观》之《否》：'是为观国之光，利用宾于王。此其代陈有国乎？不在此而在异国乎？非此其身也，在其子孙。若在异国，必姜姓。姜姓，四岳之后。物莫能两大，陈衰，此其昌乎？'……（齐）桓公使（陈完）为工正。齐懿仲欲妻完，卜之，占曰：'是谓凤皇于飞，和鸣锵锵。有妫之后，将育于姜。五世其昌，并于正卿。八世之后，莫之与京。'"　⑫重耳：晋献

公之子。骊姬与献公欲立奚齐为太子，将申生赐死，并追杀重耳。重耳先后出逃至齐国、楚国、秦国。在楚国，楚成王看出重耳必将归国，并使晋国称霸，成为楚国的强敌，但并未杀掉重耳。重耳回国后即位，为晋文公。 ⑬据《史记·吴王濞列传》，汉高祖封刘濞为吴王后，看吴王濞的面相，认为他将来可能会谋反："高帝召濞相之，谓曰：'若状有反相。'心独悔，业已拜，因拊其背，告曰：'汉后五十年东南有乱者，岂若邪？然天下同姓为一家也，慎无反！'濞顿首曰：'不敢。'" ⑭刘元海：南北朝时期前汉皇帝刘渊，本为匈奴部落酋长之子，在洛阳曾受到晋武帝司马炎的召见。当时齐王司马攸建议晋武帝杀掉刘渊，武帝不从。 ⑮王猛：前秦宰相，曾劝说苻坚杀掉慕容垂，苻坚虽然信任王猛，但未听从他的建议。慕容垂：后燕皇帝，前秦在淝水之战中大败，慕容垂趁机建国称帝。 ⑯张九龄：唐玄宗时宰相。开元二十一年（733），安禄山与契丹交战失败，按律当斩，被玄宗赦免。张九龄上书说安禄山有反相，坚持应处死安禄山，未被采纳。 ⑰晋文公五年（前632），晋国与楚国发生城濮之战，楚成王以大夫子玉为统帅，子玉自大轻敌，被晋军打败。 ⑱由余：西戎人，出使于秦，秦穆公拜为上卿，献计助秦吞灭西戎十余国。 ⑲金日（mì）䃅（dī）：匈奴休屠王太子，少时入宫为黄门养马，后得到汉武帝的赏识，被封为侍中、光禄大夫，武帝临终时托孤于日䃅。 ⑳李光弼：唐朝名将，本契丹人，平定安史之乱有功，任天下兵马副元帅。浑瑊：唐将郭子仪的部下，本为铁勒部人，因战功累迁检校司徒、中书令。 ㉑鞅鞅：不乐。周亚夫：汉初开国名臣周勃之子，汉景帝时为太尉、宰相，率军平定七国之乱。汉景帝在废太子等事上与周亚夫发生争执，自此以后对周亚夫十分不满。又有人诬告亚夫谋反，景帝派法吏前去审问，亚夫不堪其辱，自杀。 ㉒建安十三年（208），曹操借故将孔融处死。 ㉓嵇康为天下名士，司马昭有称帝之心，曾令钟会笼络嵇康，嵇康不为所动。钟会于是建议司马昭除掉嵇康，说："嵇康，卧龙也，不可起。公无忧天下，顾以康为虑耳。"晋文帝：

司马昭，晋武帝司马炎的父亲，司马炎建立晋朝后，追尊其为文帝。㉔晋景帝：即司马师，司马昭之兄，曹魏时官拜大将军。晋朝建立后，被晋武帝追尊为景帝。夏侯玄：字太初，玄学家，曾任曹魏征西将军、大鸿胪、太常等职。熹平六年（177）二月，中书令李丰、光禄大夫张缉谋诛司马师，事泄，夏侯玄被牵连入狱，三月，被斩首于东市。㉕王彧：字景文，南朝刘宋时的朝臣，得到宋文帝、明帝的器重，累官至扬州刺史、尚书左仆射。宋明帝病重时，惧怕王彧家族势力太大，会威胁到太子，将王彧赐死。㉖斛律光：字明月，高车人，北齐名将，官拜左丞相。北周韦孝宽与斛律光屡次交战，不胜，使人编儿歌在邺城传唱，说斛律光要谋反。此前秘书监祖珽与斛律光因琐事结怨，借机构陷斛律光，北齐皇帝高纬听信流言，将斛律光处死。㉗李君羡：唐朝将领，原为瓦岗寨李密部下，后投王世充，转投李渊，累官至左武侯中郎将，封武连县公。太宗时，民间流传谶语，说女主武取代李氏，因李君羡小名五娘子，所任官名中多有武字，令太宗猜疑李君羡应验谶语。贞观二十二年（648），御史揣摩上意，弹劾李君羡图谋不轨，李君羡遭下狱处斩。㉘裴炎：字子隆，绛州闻喜人，唐朝宰相，曾建议武则天还政于睿宗，被人诬陷谋反，处斩于洛阳。㉙楚文王二年（前688），楚文王讨伐申国，经过邓国，受到邓祁侯的款待，邓国大夫建议邓侯趁机杀掉楚文王，邓侯不从。第二年，楚国攻打邓国。文王十二年（前678），楚灭邓。㉚节声色：节制声色。㉛乌喙：见《司马迁二大罪》注释。㉜甘遂：中药材，主治水肿、腹水、发热，味苦，有毒。

【点评】

　　文中所举"八戒"，确实大多是帝王私心肆虐的例子，如晋文帝杀嵇康、唐太宗杀李君羡，但所谓"七德"，却有值得商榷之处。刘渊反相已露，晋武帝不杀刘渊，安禄山犯军法当死，玄宗赦免其罪，均养成日后的大患。而楚成王不杀重耳，也并非出于什么盛德，是对现实权衡利弊得失后的选择。

参考引用文献举要

一 经籍

何休. 春秋公羊学解诂 [M] //十三经注疏. 北京：中华书局，1980.

范宁，杨士勋. 春秋穀梁传疏 [M] //十三经注疏. 北京：中华书局，1980.

孔颖达. 春秋左传正义 [M] //十三经注疏. 北京：中华书局，1980.

孔颖达. 毛诗正义 [M] //十三经注疏. 北京：中华书局，1980.

孔颖达. 礼记正义 [M] //十三经注疏. 北京：中华书局，1980.

孔颖达. 周易正义 [M] //十三经注疏. 北京：中华书局，1980.

贾公彦. 周礼注疏 [M]. 上海：上海古籍出版社，2010.

邢昺. 孝经注疏 [M]. 上海：上海古籍出版社，2009.

朱彬. 礼记训纂 [M] //十三经清人注疏. 北京：中华书局，1996.

二 史书、年谱等

战国策 [M]. 高诱，注//影印文渊阁四库全书. 台北：商务印书馆，1983.

国语 [M]. 韦昭，注. 四库全书本.

司马迁. 史记 [M]. 北京：中华书局，1982.

班固. 汉书 [M]. 颜师古，注. 北京：中华书局，1962.

赵晔. 吴越春秋 [M]. 四库全书本.

皇甫谧. 高士传 [M]. 四库全书本.

陈寿. 三国志 [M]. 裴松之, 注. 北京：中华书局, 1999.

袁宏, 后汉纪 [M]. 周天游, 校注. 天津：天津古籍出版社, 1987.

范晔. 后汉书 [M]. 李贤, 注. 北京：中华书局, 2000.

檀道鸾. 续晋阳秋 [M] // 古今说部丛书. 上海：上海文艺出版社, 1991.

魏收. 魏书 [M]. 北京：中华书局, 1974.

房玄龄. 晋书 [M]. 北京：中华书局, 1996.

魏征, 令狐德棻. 隋书 [M]. 北京：中华书局, 1973.

李延寿. 南史 [M]. 北京：中华书局, 1975.

李延寿. 北史 [M]. 北京：中华书局, 1974.

司马贞. 史记索隐 [M]. 丛书集成初编本.

杜佑. 通典 [M]. 北京：中华书局, 1984.

刘昫. 旧唐书 [M]. 北京：中华书局, 1975.

薛居正. 旧五代史 [M]. 北京：中华书局, 1976.

王溥. 唐会要 [M]. 上海：上海古籍出版社, 1991.

欧阳修, 宋祁. 新唐书 [M]. 北京：中华书局, 1975.

司马光. 资治通鉴 [M]. 胡三省, 音注. 北京：中华书局, 1956.

李焘. 续资治通鉴长编 [M]. 上海古籍出版社影清刊本.

杨仲良. 皇宋通鉴长编纪事本末 [M]. 续修四库全书本. 上海：上海古籍出版社, 2002.

陈振孙. 直斋书录解题 [M]. 上海：上海古籍出版社, 1987.

脱脱. 宋史 [M]. 北京：中华书局, 1985.

辛文房. 唐才子传校正 [M]. 周本淳, 校正. 南京：江苏古籍出版社, 1987.

陈邦瞻. 宋史纪事本末 [M]. 北京：中华书局, 1977.

吴廷燮. 北宋经抚年表 [M]. 北京：中华书局, 1984.

孔凡礼. 苏轼年谱［M］. 北京：中华书局，1998.

孔凡礼. 苏辙年谱［M］. 北京：学苑出版社，2001.

三　诸子

王肃. 孔子家语［M］. 四库全书本.

范应元. 道德经古本集注［M］. 无求备斋老子集成初编本. 台北：艺文印书馆，1965.

黎靖德. 朱子语类［M］. 北京：中华书局，1986.

王先谦. 荀子集解［M］//诸子集成. 上海：世界书局，1935.

王先谦. 庄子集解［M］//新编诸子集成. 北京：中华书局，2012.

王先慎. 韩非子集解［M］//新编诸子集成. 北京：中华书局，2003.

何宁. 淮南子集释［M］//新编诸子集成. 北京：中华书局，1998.

杨伯峻. 论语译注［M］. 北京：中华书局，1980.

杨伯峻. 孟子译注［M］. 北京：中华书局，1960.

四　笔记

徐震堮. 世说新语校笺［M］. 北京：中华书局，1984.

陶潜. 搜神后记［M］. 四库全书本.

张𬸦. 朝野佥载［M］//唐宋史料笔记丛刊. 北京：中华书局，2005.

谷神子. 博异记［M］. 四库全书本.

张读. 宣室志［M］. 上海：上海古籍出版社，2012.

司马光. 涑水记闻［M］//唐宋史料笔记丛刊. 北京：中华书局，1989.

沈括. 梦溪笔谈［M］. 上海：上海书店出版社，2003.

苏轼. 东坡志林［M］. 四库全书本.

苏轼. 东坡志林［M］. 涵芬楼校印本. 上海：商务印书馆，1919.

苏轼. 东坡志林 [M]. 丛书集成初编本. 北京：中华书局，1985.

苏轼. 东坡志林 [M] //唐宋史料笔记丛刊. 北京：中华书局，1981.

苏轼. 东坡志林 [M]. 插图本. 刘文忠, 评注. 北京：中华书局，2007.

逯铭昕. 石林诗话校注 [M]. 北京：人民文学出版社，2011.

庄绰. 鸡肋编 [M]. 北京：中华书局，1983.

朱弁. 曲洧旧闻 [M]. 北京：中华书局，2002.

洪迈. 夷坚志 [M]. 北京：中华书局，1981.

洪迈. 容斋随笔 [M]. 北京：燕山出版社，2008.

周密. 齐东野语 [M]. 北京：中华书局，1983.

周密. 癸辛杂识 [M]. 北京：中华书局，1997.

五　佛教、道教

成玄英. 南华真经注疏 [M]. 北京：中华书局，1998.

宋文明. 道德义渊 [M] //中华道藏：第五册. 北京：华夏出版社，2004.

慧能. 六祖坛经 [M] //大正藏：第四十八册. CBETA 电子佛典，2008.

契嵩. 镡津文集 [M] //大正藏：第五十二册. CBETA 电子佛典，2008.

赞宁. 僧伽传 [M] //大正藏：第五十册. CBETA 电子佛典，2008.

邓牧. 大涤洞天记 [M] //正统道藏：洞神部. 涵芬楼本. 上海：商务印书馆，1923.

释念常. 佛祖通载 [M] //大正藏：第四十九册. CBETA 电子佛典，2008.

朱时恩. 佛祖纲目 [M] //卍续藏：第一百四十六册. 影印日本刊本. 上海：商务印书馆，1923.

金光明经 [M] //大正藏：第十六册. CBETA 电子佛典，2008.

阿含经 [M] //大正藏：第一册. CBETA 电子佛典，2008.

妙法莲华经 [M] //大正藏：第九册. CBETA 电子佛典，2008.

金刚般若波罗蜜经 [M] //大正藏：第八册. CBETA 电子佛典, 2008.

首楞严经 [M] //大正藏：第十九册. CBETA 电子佛典, 2008.

王明. 抱朴子内篇校释 [M]. 北京：中华书局, 1985.

六 农书、医书

黄帝八十一难经 [M]. 四库全书本.

徐彬. 金匮要略论注 [M]. 四库全书本.

张民庆. 诸病源候论译注 [M]. 北京：中国人民大学出版社, 2010.

黄帝内经素问 [M] //影印文渊阁四库全书. 台北：商务印书馆, 1983.

苏颂. 本草图经 [M]. 合肥：安徽科学技术出版社, 1994.

宋应星. 天工开物 [M]. 扬州：广陵书社, 2009.

七 总集

萧统. 文选 [M]. 李善, 注. 四库全书本.

董诰. 全唐文 [M]. 北京：中华书局, 1983.

曹寅. 彭定求. 全唐诗 [M]. 上海：上海古籍出版社, 1986.

北京大学古文献研究所. 全宋诗 [M]. 北京：北京大学出版社, 1991.

八 别集

马其昶. 韩昌黎文集校注 [M]. 上海：上海古籍出版社, 1998.

柳宗元. 柳河东集 [M]. 上海：上海古籍出版社, 2008.

杜牧. 樊川文集 [M]. 上海：上海古籍出版社, 1984.

欧阳文忠公集 [M]. 四部丛刊初编本. 上海：上海书店, 1989.

陈襄. 古灵集 [M]. 四库全书本.

苏辙. 栾城集 [M]. 上海：上海古籍出版社, 1987.

晁补之. 鸡肋集［M］. 四库全书本.

崔述. 崔东壁遗书［M］. 顾颉刚, 编订. 上海: 上海古籍出版社, 1983.

苏轼. 苏轼诗集［M］. 北京: 中华书局, 1982.

陈寅恪. 金明馆丛稿二编［M］. 上海: 上海古籍出版社, 1980.

叶适. 叶适集［M］. 北京: 中华书局, 1961.

白居易. 白居易集［M］. 北京: 中华书局, 1979.

苏轼. 苏轼文集［M］. 北京: 中华书局, 1986.

董志广. 潘岳集校注［M］. 修订版. 天津: 天津古籍出版社, 2005.